장영실과
사라진 구슬

비밀 역사 탐정단 Z
장영실과 사라진 구슬

초판 인쇄	2022년 08월 15일
초판 발행	2022년 08월 20일
글	강로사
그림	원유미
발행인	이진곤
발행처	씨앤톡
임프린트	리틀씨앤톡
출판등록	제 313-2003-00192호(2003년 5월 22일)
주소	경기도 파주시 문발로 405 제2출판단지 활자마을
전화	02-338-0092
팩스	02-338-0097
홈페이지	www.seentalk.co.kr
E-mail	seentalk@naver.com
ISBN	978-89-6098-843-9 73800

ⓒ강로사, 2022

본 책은 지작권법에 의해 보호를 받는 지작물이므로 무단 전재와 복제를 금합니다.
· KC마크는 이 제품이 공통안전기준에 적합하였음을 의미합니다.

모델명	장영실과 사라진 구슬 / 제조년월	2022. 08. 20. / 제조자명	씨앤톡 / 제조국명	대한민국
주소	경기도 파주시 문발로 405 제2출판단지 활자마을 / 전화번호	02-338-0092 / 사용연령	7세 이상

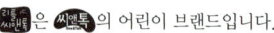
은 씨앤톡의 어린이 브랜드입니다.

 **차례**

머리말 ……… 6

이 책에 나오는 인물 ……… 8

검은 도포자락 ……… 11

이천대감의 심부름 ……… 35

저고리 끝에 달린 것 ……… 56

물건을 찾으러 가는 길 ……… 74

구슬이 있어야 할 자리 ……… 95

검은 도포의 정체 ········ 111

악보의 비밀 ········ 132

멈춰진 시간 속으로 ········ 152

청동거울이 빛을 낼 때 ········ 167

단숨에 익히는 조선 전기 역사 ········ 186

머리말

만약 우리에게 시간 개념이 없다면 어떨까요?

지금이야 모두가 시간을 바로 알 수 있지만, 조선시대 사람들은 시간 개념을 갖기 어려웠어요. 그때는 시계가 널리 사용되지 않았거든요. 시간을 제대로 알려면 해시계 등이 설치된 곳으로 직접 가서 봐야 했어요. 궁에서 종을 쳐서 시간을 알려 주었지만, 담당 관리가 늑장을 부리거나 잊고 있으면 알 길이 없었어요.

그 탓에 사람들은 불편을 겪었어요. 일이 끝나도 계속 일하는 사람들도 많았어요. 퇴근 시간을 모르니까 집에 가지 못했던 거예요. 그런가 하면 하염없이 약속 장소에서 기다리는 일도 빈번했어요. 가난하고 신분이 낮은 사람일수록 더 어려움을 겪었어요.

리우가 이번에 떠나는 곳은 시간 개념이 확실치 않았던 조선 초기, 세종대왕이 다스리던 시기예요. 정치, 군사, 사회, 문화 등 다방면으로 성장했기에 조선의 전성기라고도 불리던 때예요. 그렇게 될 수 있었던 이유 중 하나는 세종대왕이 적재적소에 맞는 인재를 뽑았기 때문이에요. 세종대왕은 능력이 있는 사람에게는 신분에 관계없이 일을 시켰어요. 신분제가 견고했던 당시로선 파격적이었죠.

이를 대표하는 인물이 장영실이에요. 장영실은 해시계와 자격루 등 천문학 기구들을 발명해 조선이 발전하는 데 큰 공을 세웠어요. 천민 출신이었지만 벼슬을 얻었고, 임금의 지지를 받으며 자신의 재능을 펼쳤지요.

장영실은 업적을 많이 남겼어요. 특히 그의 발명품으로 인해 조선의 시간 개념은 더 정교해졌지요. 물론 제작하기까지 과정은 만만치 않았어요. 장애물이 많았거든요.

어떤 장애물이 있었는지, 그것을 어떻게 극복했는지 궁금하다면 리우가 떠나는 모험을 지켜봐 주세요. 아마 시간에 대해 다시 생각하는 계기가 될지도 몰라요.

지은이 강모사

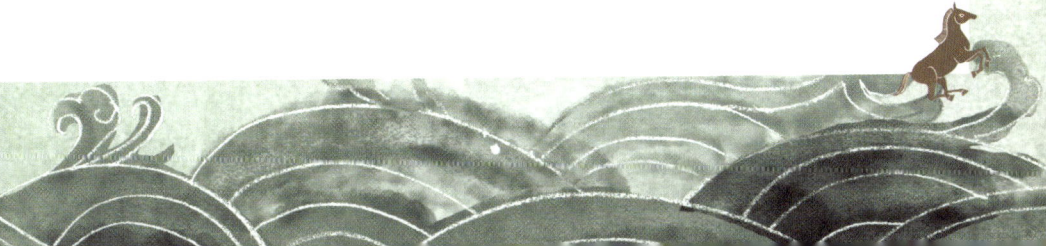

이 책에 나오는 인물

리우

공부보다 노는 걸 좋아하는 평범한 초등학생. 특출 나게 잘하는 것은 없지만, 두루두루 다방면에 호기심이 많다. 그런데 Z는 왜 하필 리우에게 미션을 주었을까?

호수

공부를 잘하고 똑똑하다. 겁이 많지만 위기에 빠지면 추리력을 발휘하고 빨리 판단한다.

비산

이천대감의 심부름을 맡은 천민 출신 아이. 리우와 함께 사라진 구슬을 찾는다.

검은 도포자락

　광화문 앞을 지나온 리우는 잠시 숨을 멈추었다. 딴 세상에 들어온 기분이 들었다.

　이쪽 끝에서 저쪽 끝까지 펼쳐진 하늘에는 정적만이 흘렀다. 보랏빛이 묘하게 섞인 하늘이라 어스름한 저녁 시간인데도 마치 새벽 같았다. 구름은 낮 동안 떠 있던 태양과 함께 모습을 감추었고 차가운 공기만이 리우의 어깨에 내려앉았다.

　경복궁 지붕 뒤로 보이는 능선은 마치 붓으로 칠한 그림 같았다. 그림처럼 움직이지 않는 풍경 속에서 하늘 역시 멈춘 것처럼 보였다.

　리우가 오른쪽으로 몸을 돌렸다. 매표소 앞에 사람들이 모여 있는 걸 보고서야 자신이 방금 전까지 빌딩이 수두룩한 광화문 한복판을 지나왔다는 걸 떠올렸다.

그때 휴대폰 진동이 울렸다. 호수였다.

"리우야, 어디야?"

"방금 도착했어. 너는 어딘데?"

"그래? 너 안 보이는데. 경복궁 입구 지났어?"

"아니, 난 방금 광화문 지났어. 금방 갈게."

리우는 전화를 끊고 며칠 전 Z에게 받은 메시지를 다시 확인했다.

비밀 역사 탐정단 Z

시간을 흐르게 하세요. 그러려면 구슬을 찾아야 합니다. 세 번째 선율이 끝나면 시간의 문이 열립니다. 아래로만 흐르는 것에 몸을 맡기면 돌아올 수 있습니다.

"구슬?"

항상 그랬지만 Z의 메시지는 이번에도 수수께끼 같았다. 리우는 구슬 유물이 딱 떠오르는 시대가 언제인지 궁리했다.

역사책도 훑어보고 인터넷 검색도 해 보았다. 호수와도 함께 머리를 맞댔지만 이렇다 할 답을 찾지 못했다. 그렇게 시간만 흘렀다.

'그래, 딴생각하지 말자. 여기 온 건 Z의 메시지 때문이 아니야. 아저씨의 부탁 때문에 온 거지.'

리우는 복잡한 생각을 떨쳐내며 경복궁 입구로 향했다. 궁 안에 들어가자마자 왼편으로 유독 많은 사람들이 모여 있는 걸 발견했다.

그중에서 호리호리한 호수를 단번에 알아보았다. 친구라서 그런 게 아니라 다른 사람들과 달리 머리에 갓을 쓰고 보라색 두루마기를 걸친 채 부채까지 들고 있는 바람에 눈에 안 띌 수가 없었다.

호수가 리우를 보더니 손을 흔들었다. 리우가 다가가면서 말을 걸었다.

"우리가 맡은 역할이 양반이야?"

"잘 모르겠어. 아빠가 가져다주신 거 그냥 입은 거야. 근데 나 한복 잘 어울리지 않냐? 사진 좀 찍어 줘."

호수가 너덧 걸음 리우에게서 떨어지더니 부채를 활짝 펼

치며 폼을 잡았다. 어딘가 엉성해서 리우는 웃음이 났다. 그러면서 자신은 어떤 역할을 맡게 될지 궁금해졌다.

오늘 저녁에 경복궁 안에서 사극 촬영을 하는데, 어린이 단역이 부족하다며 호수네 아빠가 리우와 라나에게 부탁을 했다. 학예사인 호수 아빠가 이번 사극에서 역사 고증을 맡았기 때문이었다.

리우는 용돈을 벌 수 있는 기회를 놓치고 싶지 않았다. 게다가 단역이라면 크게 힘들지 않을 것 같았다.

"어? 저기 오신다!"

리우가 휴대폰으로 사진을 찍고 있는데 호수가 리우의 뒤쪽를 가리켰다. 호수 아빠가 옷 한 벌을 한 팔에 두른 채 서 있었다.

"여기까지 오느라 고생 많았어. 그런데 라나는?"

"학원 보충 수업이 있어서 못 온대요."

리우가 대답했다.

"그래? 그럼 안 되는데. 이번에 라나가 꽤 중요한 역할을 해 줘야 한다더구나."

"엑스트라 중에도 중요한 역할이 있어요?"

"아, 그건 아니고. 이거 우선 받으렴."

호수 아빠가 갖고 온 옷을 리우에게 건넸다. 저고리부터 바지까지 누룽지처럼 누런 게 딱 봐도 남루해 보였다. 암만 봐도 호수가 입은 양반 옷은 아니었다.

호수가 히죽거렸다.

"이거 입으면 내 하인 같겠는걸? 큭큭."

"됐거든. 아저씨, 이거밖에 없어요?"

"미안, 어린이용은 이거밖에 안 남았어. 활동하기엔 이게 훨씬 편할 거야. 때론 양반보다 천민이 더 자유로웠거든. 봐, 이건 단추 잠그기도 편해. 저고리 리본이 자석으로 되어 있잖니."

아저씨가 저고리를 들어 리우에게 가까이 보여 주었다. 저고리 리본 뒤에 동그란 자석이 달려 있었다. 저고리 위쪽 안감에도 자석이 달려 있어 자석끼리 부착시키니 리본이 딸깍, 소리를 내며 옷 위에 고정되었다.

리우는 하는 수 없이 옷을 받아들었다. 천민이 자유로웠다니 호수 아빠가 뭘 잘못 알고 있단 생각이 들었다. 신분제의 제일 밑바닥이 천민인데 자유로웠을 리 없다.

그때 머리에 헤드폰을 낀 남자가 호수 아빠를 급히 불렀다.

"잠시만요!"

큰 소리로 대답한 호수 아빠가 말했다.

"피디가 불러서 가 봐야겠다. 호수야, 이게 양반들이 입었던 옷이라 불편할 거다. 당시 양반들은 체면 때문에 불편하더

라도 이런 옷을 입었어. 특히 비좁은 데 들어갈 때 힘드니 리우는 조심하고. 그리고 촬영 시작하면 여기에 관광객들은 못 들어오니까 창피해할 필요는 없어. 그럼 이따 저기 경회루 앞에서 만나자."

호수 아빠가 말을 마치자마자 부리나케 뛰어갔다. 호수는

아빠가 시야에서 사라질 때까지 눈을 떼지 않았다. 리우가 옷에 묻은 먼지를 털면서 말했다.

"왜 그래?"

"요새 아빠 얼굴 잘 못 봐서. 맨날 일이 많다고 하셔. 아빠랑 같이 저녁 먹은 지도 오래됐어. 원래 이런 데 오면 역사 얘기도 많이 해 주시는데 이제 그럴 시간도 없으신가 봐."

호수의 얼굴이 시무룩해졌다. 호수는 학예사인 아빠를 따라 역사 공부를 열심히 할 정도로 아빠를 좋아했다. 그런 호수를 보고 있자니 리우의 마음도 편하지만은 않았.

리우는 이럴 때 호수의 기분을 나아지게 하는 방법을 알고 있었다.

"드라마 만드는 데 참여하신 거잖아. 너무 서운해하지 마. 그리고 조선시대쯤은 너도 잘 알고 있잖아. 이번엔 네가 너희 아빠처럼 나한테 설명해 줘."

"정말?"

"그래, 나 학교에서 배웠던 거 까먹었단 말이야."

"할 수 없지. 내가 알려 줘야겠네. 흠흠."

호수가 목소리를 한 번 가다듬고는 설명을 시작했다.

"조선은 1392년에 이성계가 고려를 멸망시키고 세운 나라야. 1910년까지 약 500년 동안 한반도를 다스렸지. 그리고 여기 경복궁은 조선시대의 궁궐이야. 산으로 둘러싸여 있고 앞에 강이 흘러서 지리적으로 좋은 곳이래. 조선은 한양과 경복궁을 중심으로 발전했다고 볼 수 있어. 경복궁은 전쟁과 일제 강점기를 겪으면서 여러 차례 부서졌지만 또 그만큼 고치기를 반복한 끝에 지금의 모습을 갖추게 된 거야."

기다렸다는 듯 좔좔 설명을 읊는 호수를 보고 리우는 웃음이 났다. 부전자전이라더니 호수도 아빠처럼 설명하기를 좋아했다.

이어지는 호수의 설명을 들으며 걸음을 옮겼다. 경복궁 안에는 국악 소리가 자그맣게 흐르고 있었다. 느린 박자의 멜로디가 경복궁의 분위기를 한층 더 고풍스럽게 만들었다. 리우는 입구를 지나 위엄이 서린 근정전을 멀리서 바라보았다.

더 가까이 가서 들여다보고 싶었지만 헤드폰을 낀 남자가 뒤에서 소리쳤다.

"엑스트라 분들은 빨리 환복하고 경회루로 모이세요."

리우와 호수는 급히 경회루 쪽으로 갔다. 경회루에 가까워질수록 한복을 입은 사람들이 눈에 많이 띄었다. 리우는 옆에서 자기가 알고 있는 조선의 역사를 한참 설명하던 호수의 말을 막고 물었다.

"잠깐, 근데 옷은 어디서 갈아입어?"

"옷? 경회루 근처에 화장실이 있어. 거기서 갈아입으면 돼."

그러면서 리우와 호수는 열려 있는 문의 문턱을 넘었다.

눈앞에 넓은 공간이 펼쳐졌다. 오른편에 펼쳐진 넓은 연못 한가운데에 경회루가 화려한 조명에 둘러싸여 있었고 그 옆으로 기념품 매장과 화장실이 있었다.

"나 옷 갈아입고 올게."

화장실에서 옷을 갈아입은 리우가 벗어놓은 옷을 가방 안에 쑤셔 넣었다. 그러고는 청동거울을 꺼내서 허리춤에 끼워 넣었다. Z의 메시지를 받은 이상 청동거울은 꼭 지니고 다녀야 하기 때문이다.

화장실을 나온 리우가 호수를 찾았다. 경회루 연못 주위로 출입금지를 나타내는 쇠줄이 둘러쳐져 있었는데 호수는 쇠줄 앞에 서서 부채질을 하고 있었다. 낡은 부채였지만 왠지 고고한 분위기가 풍겼다. 검은색 갓에 보랏빛 도포와 허리에 둘러맨 붉은 끈이 썩 잘 어울렸다.

그에 비해 리우의 옷은 개성이라곤 찾아볼 수 없는, 허름한 삼베옷이었다. 짚신까지 신으니 영락없는 노비 같았다.

'나한테도 양반 배역 하나 맡겨 주셨으면 좋았을 텐데. 하다못해 저런 부채라도 주시지…….'

리우가 투덜대면서 엑스트라들이 모여 있는 기념품 매장 뒤편으로 향했다. 한복 입은 사람들이 리우를 힐긋거렸다. 리우는 우스꽝스러운 자기 모습 때문에 쳐다보는 것 같아 그냥 모른 척했다.

그런데 엑스트라들이 모인 무리 중엔 호수가 보이지 않았다.

"여태 안 오고 뭐 한담. 아직도 경회루 앞에 있나?"

리우는 경회루 쪽으로 눈을 돌렸다. 호수가 서 있던 자리에는 검은색 갓에 검은 두루마기를 입은 사람이 서 있었다. 바람이 살살 불어와 도포자락이 너울거렸다. 얼굴에 검은 복면을 두르고 있어서 멀리서 보면 넝마 같기도 하고 저승에서 온 유령 같기도 했다.

그 사람이 고개를 돌렸다. 멀리 있어도 리우와 눈이 마주친 건 확실해 보였다.

"자, 시간이 많지 않으니까 한 번만 얘기할 거예요. 촬영 장소는 근정전과 강녕전이에요. 그 밖의 장소는 출입하면 안 되고……."

피디가 길게 설명을 이어갔지만 리우의 귀에 하나도 들어오지 않았다.

'호수는 어디에 있고, 검은 도포를 입은 저 사람은 누굴까?'

리우는 다시 경회루 쪽을 보았다. 방금까지 있던 검은 도포는 사라지고 없었다. 대신 아까 경회루로 들어올 때 넘어온 문턱을 보랏빛 도포를 입은 사람이 막 넘어가고 있었다. 호수가 입은 옷이었다.

"호수야!"

다급한 목소리에 주변 사람들이 리우를 쳐다보았다. 앞에서 설명하던 피디가 짜증 가득한 얼굴로 인상을 썼다.

"애야, 여기 애들 연극 하는 데 아니야. 알겠어?"

"죄송합니다."

리우가 고개를 숙여 사과했다. 그러자 피디가 설명을 이어 나갔다. 그사이 리우는 주변을 두리번거렸다. 호수는 어디에도 없었다.

그때 리우의 등 뒤가 서늘해졌다.

"그럼 각자 위치로 가세요!"

피디의 말에 사람들이 일사분란하게 움직였다. 리우는 기다렸다는 듯 아까 호수가 있던 곳으로 뛰어갔다.

'호수는 대체 어딜 간 거야?'

리우는 호수를 만나자마자 꼭 붙들어 놓고 할 말이 있었다. 피디가 말할 시간에 어디 갔느냐고 따지고 싶었다. 그럴 거면 자기랑 역할을 바꾸는 건 어떻겠냐고도 물어보고 싶었다. 아무리 생각해도 리우는 노비 차림이 영 마음에 안 들었다. 다만 유령처럼 나타났다 사라진 검은 도포의 정체에 대해선 굳이 말하지 않을 생각이었다.

근정전 쪽으로 돌아왔지만 호수는 보이지 않았다. 이젠 관광객들이 모두 퇴장해서인지 아까보다 훨씬 넓고 커 보였다. 리우는 이 넓은 곳에 혼자 덩그러니 남겨져 있다는 사실에 몸을 으스스 떨었다.

어느새 보랏빛 하늘이 짙은 감색으로 물들어갔고 이제 완벽한 밤이 되었다. 바로 그때 입구 쪽에서 그림자 하나가 어른거렸다. 리우가 뛰면서 외쳤다.

"호수야! 너 촬영 안 할 거야?"

그림자를 따라가다 맞닥뜨린 문을 열고 들어갔지만 그곳엔 아무도 없었다. 힘이 빠졌다.

아까 피디는 촬영 장소인 근정전과 강녕전 외엔 출입하지 말라고 당부했다. 그러니 촬영 장소가 아닌 이곳에 누가 있을 리 없었다. 매사에 꼼꼼하고 똑똑한 호수가 피디의 말을 듣지도 않고 혼자 돌아다닐 리는 더더욱 없었다. 이런 데서는 어른이 하는 말을 토씨 하나 빠뜨리지 않고 지킬 아이였다. 그런 호수가 멋대로 자리를 떴다니, 리우는 도통 이해가 가지 않았다.

호수에게 전화를 걸었지만 수신음만 공허하게 울렸다. 리우는 휴대폰을 내려놓고 고개를 들었다가 소스라치게 놀랐다. 어느새 거대한 검은 그림자가 자신을 감싸고 있었다.

"으악! 누구야?"

리우는 들고 있던 휴대폰을 위아래로 휘저으면서 소리를

질렀다. 맞은편에서 익숙한 소리가 들렸다.

"리우야, 나야."

리우가 눈을 비비고 다시 보았다. 호수 아빠였다. 리우의 등 뒤로 식은땀이 흘렀다. 아까 보았던 검은 도포가 자꾸 신경이 쓰였나 보다. 검은 도포와 호수 아빠를 착각했으니 말이다.

"아저씨가 여기엔 왜……?"

"의상팀이랑 잠깐 얘기하고 돌아오던 중이야. 너는 왜 여기 있어? 촬영 장소는 여기가 아니잖아."

"호수를 찾으러 왔어요. 아저씨, 호수 못 보셨어요? 아까 호수가 혼자 이쪽으로 오는 걸 봤거든요."

"에이, 그럴 리가. 내가 호수한테 촬영 장소에만 있으라고 단단히 일렀는데……."

"아닌데, 분명 호수처럼 양반 옷을 입은 애였어요. 호수는 지금 전화도 안 받는다고요. 그럼 호수 말고 그 옷을 입은 애가 또 있을까요?"

"글쎄, 호수는 너무 걱정하지 않아도 돼. 아마 지금쯤 열심히 촬영하고 있을걸? 너도 얼른 가 봐야 할 거다."

호수 아빠가 리우를 다독였다. 아들이 사라졌다는 소식에도 태평한 걸 보니 리우는 왠지 마음이 놓였다. 자신이 봤던 검은 도포가 헛것일지도 모른다고 생각했다.

"참, 경회루는 잘 구경했니? 좀 늦긴 했어도 경회루는 꼭 보고 가. 달에 비치는 연못이 정말 아름답단다. 지금이 아니면 때를 놓칠 수도 있어. 난 너를 믿어. 리우는 영리하고 용기가 있으니까."

호수 아빠가 리우의 눈을 들여다보며 미소 지었다. 호수 아빠의 말이 리우한테는 조금 뜬금없게 들렸다. 마침 밤하늘 위에 뜬 달이 리우의 속마음까지 환히 비추는 것 같았다.

"살다 보면 때로는 영문 모를 일이 일어난단다. 그럴 땐 복잡하게 생각할 것 없어. 그냥 지금 해야 할 일을 하면 돼. 넌 이번에도 잘할 거다."

"감사합니다, 아저씨. 그럼 경회루로 가 볼게요. 아까 피디님께 설명 듣던 곳이라서 어차피 가 봐야 할 것 같아요."

호수 아빠의 말이 줄곧 아리송했지만 리우는 왔던 길을 되돌아갔다. 다만 호수를 찾지 못한 게 영 찝찝했다. 호수 아빠의 말대로 호수는 어딘가에서 촬영하는 중일지도 몰랐다.

그렇게 생각하니까 자기 몫을 해내고 있는 호수의 모습이 머릿속에 그려졌다. 리우도 호수처럼 촬영에 집중하고 싶어졌다.

문을 지나쳐 도착한 경회루에는 아무도 없었다. 피디와 바글바글했던 엑스트라들은 다른 촬영 장소로 이동한 모양이었다.

호수 아빠 말대로 한밤의 경회루는 아름다웠다. 색색의 조명에 둘러싸여 더욱 빛났다. 둥그런 보름달이 연못 안에 고스란히 담겼다.

멀리서 보니 연못 위에 떠 있는 것처럼 보였다. 조용히 깔린 국악 연주곡이 경회루 주위를 차분히 맴돌았다. 탄성이 절로 났다.

"우와! 이건 그냥 지나치면 안 되지. 사진 한 장만 빨리 찍어야겠다. 나중에 호수한테 자랑해야지."

리우가 휴대폰을 꺼내 카메라를 켰다. 휴대폰 화면에 경회루의 모습이 다 들어오도록 한 발씩 뒤로 물러났다. 마침내 화면 안에 경회루가 다 담겼다. 경회루와 검은 연못, 그리고 경회루 뒤에 나타난 검은 도포까지…….

"헉!"

깜짝 놀란 리우가 휴대폰을 떨어뜨렸다. 검은 도포는 아무런 움직임 없이 그 자리에 그대로 서 있었다. 그리고 잠시 후, 큰 보폭으로 리우를 향해 다가왔다. 리우의 머리털이 쭈뼛 섰다.

리우는 그대로 뒤돌아서 반대편으로 내달렸다. 어떻게든 사람들이 모여 있는 곳으로 가야 할 것 같았다. 경회루를 빠져나왔지만 근정전 뒤편에 있는 집경당까지 한없이 멀게 느껴졌다. 이마에서 땀이 흘러내렸다. 리우가 있는 힘을 다해 달려도 검은 도포와의 거리가 좁혀지지 않았다.

'멈추면 안 돼. 문을 찾아야 해.'

살짝 뒤를 돌아보았는데 검은 도포가 그새 바짝 쫓아와 있었다. 양옆으로 찢어진 눈이 매서워 보였다. 검은 도포가 리우 쪽으로 팔을 뻗었다. 그의 손가락 끝이 리우의 옷깃을 스쳤다. 목덜미가 잡힐 것 같았다.

바로 그때 검은 도포의 손을 피하려던 리우가 발을 헛디뎌 넘어졌다. 연못 주변에 둘러쳐진 쇠줄에 걸린 것이다. 양쪽 무릎이 욱신거리고 이미 옷은 땀에 흠뻑 젖었다. 어느새 리우와 가까워진 검은 도포의 발소리가 점점 커졌다.

리우는 억울하고 화가 났다. 처음에는 유령 같은 모습에 놀라 무작정 도망치고 있지만 생각해 보니 이렇게까지 도망칠 이유도 없고, 이제 더 이상 무섭지 않았다.

리우가 일어나면서 무릎에 묻은 흙을 툭툭 털었다. 그러고는 휴대폰에 112를 찍은 뒤 바로 앞에 와 있는 검은 도포에게 들이밀었다.

"거기서 한 발자국이라도 더 움직이면 경찰에 바로 신고할 거예요! 대체 왜 나를 쫓아오는 거예요?"

리우의 엄포에 검은 도포가 그 자리에 멈춰 섰다. 검은 도포도 숨을 가쁘게 들이쉬었다. 둘 사이에 정적이 흘렀다.

잠시 후 검은 도포가 먼저 입을 열었다.

"너에게 길이 있다."

검은 도포는 리우가 예상하지 못한 대답을 하고는 자신의 품에서 뭔가 번쩍이는 걸 하나 꺼냈다. 작은 칼이었다. 칼날에 붉은 얼룩이 묻어 있었다.

위험을 느낀 리우가 휴대폰의 통화 버튼을 터치한 뒤 스피커폰을 켰다.

"경찰서죠! 여기 경회루인데 지금 이상한 사람이 칼을 들고 저를 쫓아오고 있어요!"

검은 도포가 빠르게 리우 앞으로 다가왔다. 리우의 머릿속이 새하얘졌다. 휴대폰을 든 손이 덜덜 떨렸다. 무서워서 입술이 붙고 말이 나오지 않았다.

그때 어디선가 바람이 불어왔다. 검은 도포의 옷자락을 건드리던 바람은 점점 강해졌다. 주변의 나무들이 마구 흔들렸다. 리우가 다리에 힘을 주면서 맞서 보았지만 몰아치는 바람을 이겨낼 수가 없었다.

어쩔 수 없이 뒷걸음질을 치던 리우의 운동화가 젖는 느낌이 들었다. 자기도 모르게 연못 쪽으로 몸이 밀리고 있었던 것이다. 순식간에 연못으로 발을 들여놓은 리우는 연못 밖으로 빠져나가 보려 했지만 그럴수록 바람은 더욱 거세졌다.

연못은 밤하늘을 그대로 담아 어두웠다. 리우는 연못물을 질퍽거려 봤지만 연못 밖으로 빠져나가려고 달리는 순간 바람이 세차게 불어 리우를 밀어냈다.

결국 발 하나가 연못 깊숙한 곳에 쑥 빠졌다.

"어어?"

순식간에 허리까지 물이 잠겼다. 리우는 발을 빼내려고 버둥댔지만 그럴수록 수렁에 잠기는 듯했다. 그사이 검은 도포가

　연못 바깥에서 리우를 향해 손을 뻗었다. 리우는 도망가기 위해 발버둥을 쳤지만 계속 그 자리에서 몸만 점점 가라앉았다.
　연못물이 리우의 몸을 감싸고 스멀스멀 올라왔다. 리우가 중심을 잃으면서 물이 코와 입으로 들어왔다. 구역질이 나올 것 같았다. 코가 맵고 시야가 흐린 와중에 청아한 소리를 내는 국악 소리가 들려왔다.
　구슬픈 멜로디에 리우는 정신이 아득해졌다. 허리춤에 꽂

아둔 청동거울이 뜨거워지는 것 같았다. 바로 그때 청동거울에서 빛줄기 하나가 뿜어져 나왔다.

그러고는 팔다리를 허우적대던 리우를 연못물이 완전히 삼켜 버렸다.

이천대감의 심부름

처음엔 아무 느낌이 없었다. 그러다 왼쪽 팔이 움직이는 게 느껴졌다. 누군가 자신의 팔을 흔들고 있었다.

"괜찮아? 좀 일어나 봐."

어떤 목소리에 리우의 감각이 서서히 깨어났다. 처음엔 코가 얼얼하고 그다음엔 물비린내가 코를 찔렀다. 온몸이 축축했다. 눈을 뜨니 시야가 뿌옜다. 손으로 눈을 비비고 나니 세상이 제대로 보였다.

가장 먼저 눈에 들어온 건 낯선 아이의 얼굴이었다. 아이가 리우의 눈앞에 자기 손바닥을 흔들어 보였다. 아이의 손목을 타고 흐르던 물방울이 리우의 얼굴 위로 떨어졌다.

"눈 떴다! 정말 큰일 날 뻔했어."

아이가 외쳤다. 리우는 눈을 뜨긴 했지만 정신은 멍했다. 자신이 어디 있는지 되짚어 보았다. 아까까지만 해도 경회루에 있었는데 검은 도포에게서 도망가려다 연못에 빠진 것까지 기억났다. 검은 도포의 칼끝이 반짝이고 있었다. 칼날에는 붉은 줄 네 개가 그려져 있었다. 마치 피 같았다.

리우는 정신이 번쩍 들었다.

"검은 도포는?"

"검은 도포? 그게 누구야?"

리우의 말에 아이가 화들짝 놀라 주변을 두리번거렸다. 다행히 검은 도포와 같은 사람은 보이지 않았다. 그런데 뭔가 이상했다.

리우는 가까스로 몸을 일으켰다. 경회루인 줄 알았던 건물은 경회루의 반도 안 되는 크기의 조그만 정자였다. 그 옆에는 나무 한 그루가 지키고 서 있었다. 제일 높이 뻗은 가지가 정자만 해서 나무기둥을 중심으로 굵직한 가지들이 제멋대로 뻗어 있었다.

"얼른 가자. 늦어서 서둘러야 해. 가만, 그걸 어디다 뒀지?"

아이가 연못 주변을 살피더니 웬 나무작대기를 주워 허리춤에 꽂았다. 리우의 가슴께에 닿을 만큼 작고 마른 아이는 손으로 밀치면 금방이라도 쓰러질 것 같았다. 그래도 작고 동그란 눈은 흑진주처럼 빛나고 있었다. 아이의 몸도 리우처럼 젖어 있었고 리우보다 더 남루한 옷을 입고 있었다.

리우는 지금 상황이 좀처럼 파악되지 않았다. 아이는 리우와 같은 역할을 맡은 엑스트라인 것 같았다. 하지만 무언가 꺼림칙했다. 리우는 자기 얼굴을 빤히 쳐다보고 있는 아이에게 물었다.

"고마워. 경회루에서 나를 여기까지 데려온 거야? 경복궁 안에도 이런 정자가 또 있는 줄은 몰랐네. 촬영은 아직 안 끝난 거지? 엄청 오래 하네. 혹시 이 작대기가 준비물이야?"

"그게 무슨 말이야. 이제 우리 정신 바짝 차려야 해. 이천대감님 말씀 못 들었어? 진시(오전 7~9시) 전까지 궁으로 물건을 가져오라고 하셨잖아."

"진시가 뭐야?"

"시간도 모르냐? 에휴, 아무리 천민이라도 시간 정도는 알아야 일을 하지. 내가 나중에 가르쳐 줄게. 일단 가자. 지금 출발하면 한양도 조용할 거야."

아이가 요상한 말을 하더니 걸음을 재촉했다.

분명 검은 도포를 피하려다 경회루 연못에 빠졌고, 깨어 보니 처음 보는 곳이었다. 아이는 엑스트라라고 하기엔 진짜 자기 옷을 입고 있는 것 같았다.

리우는 뒤통수를 얻어맞은 기분이었다. 허리춤에서 청동거울을 빼들었다. 역시나 예상대로였다. 청동거울에 세 개의 그림이 떠올라 있었다.

아이는 리우가 놀라움을 가라앉힐 시간도 주지 않고 혼자서 저만치 앞서갔다. 키는 작은데 다람쥐처럼 재빨랐다. 리우는 놓칠세라 아이를 부리나케 쫓아갔다.

Z의 메시지를 밝혀내려면 우선 지금이 어느 시대인지 알아야 했다. 리우는 아이를 따라가면서 머리를 굴렸다.

'아까 한양이라고 했지? 그럼 여긴 조선시대야. 그렇다면 지금 왕은 누구지?'

리우의 눈앞에 초가집들이 하나둘 보이기 시작했다. 곧 낮은 지붕의 한옥들이 줄지어 늘어선 곳에 들어섰다. 이른 아침인지 거리엔 아무도 없었다. 시장 골목에 정적이 내려앉았다.

수풀에서 벌레 울음소리가 들렸다.

아이는 이곳 지리를 훤히 아는지 맞닥뜨린 골목마다 요리조리 빠져나갔다. 한참을 서둘러 걷던 아이가 허름한 초가집 앞에 멈춰 섰다.

바로 옆에는 헛간이 하나 있었는데 문은 없고 나무 울타리만 둘러쳐져 있어서 헛간 안이 훤히 보였다. 헛간 안에는 커다란 철제 도구가 세워져 있고 농기구들이 어지럽게 늘어져 있었다.

아이가 초가집 문을 세 번 두드리며 나지막이 읊조렸다.

"이천대감님의 명을 받고 왔습니다."

곧이어 문이 열렸다. 산적처럼 우락부락하게 생긴 아저씨가 나왔다. 그러고는 아이와 리우를 번갈아 쳐다보았다.

아이가 허리를 숙여 인사하니 아저씨가 말했다.

"기다려라."

아저씨가 도로 집 안으로 들어갔다.

그사이 하늘은 조금씩 밝아지고 있었다. 거리는 여전히 한산했고 이따금 오가는 사람들이 눈에 띄었다.

맞은편 골목으로 검은 그림자가 스치듯 지나갔다. 리우는

순간 검은 도포인 줄 알고 등골이 오싹했다.

'설마? 에이, 아니겠지. 그 사람이 어떻게 과거로 넘어오겠어.'

리우는 놀란 가슴을 가라앉혔다. 축축한 옷이 마르면서 몸이 쌀쌀해졌다. 리우가 자신의 양팔을 감쌌다.

조금 기다리자 초가집 안에 도로 들어간 아저씨가 다시 나왔다.

"마무리가 덜 되었으니 조금 있다 다시 오거라."

"안 돼요! 이천대감님께서 진시까지 오라고 하셨단 말이에요. 닭이 울기 전에 여기서 출발해야 해요."

"안 됐는데 어떻게 준단 말이냐? 떼써도 소용없다."

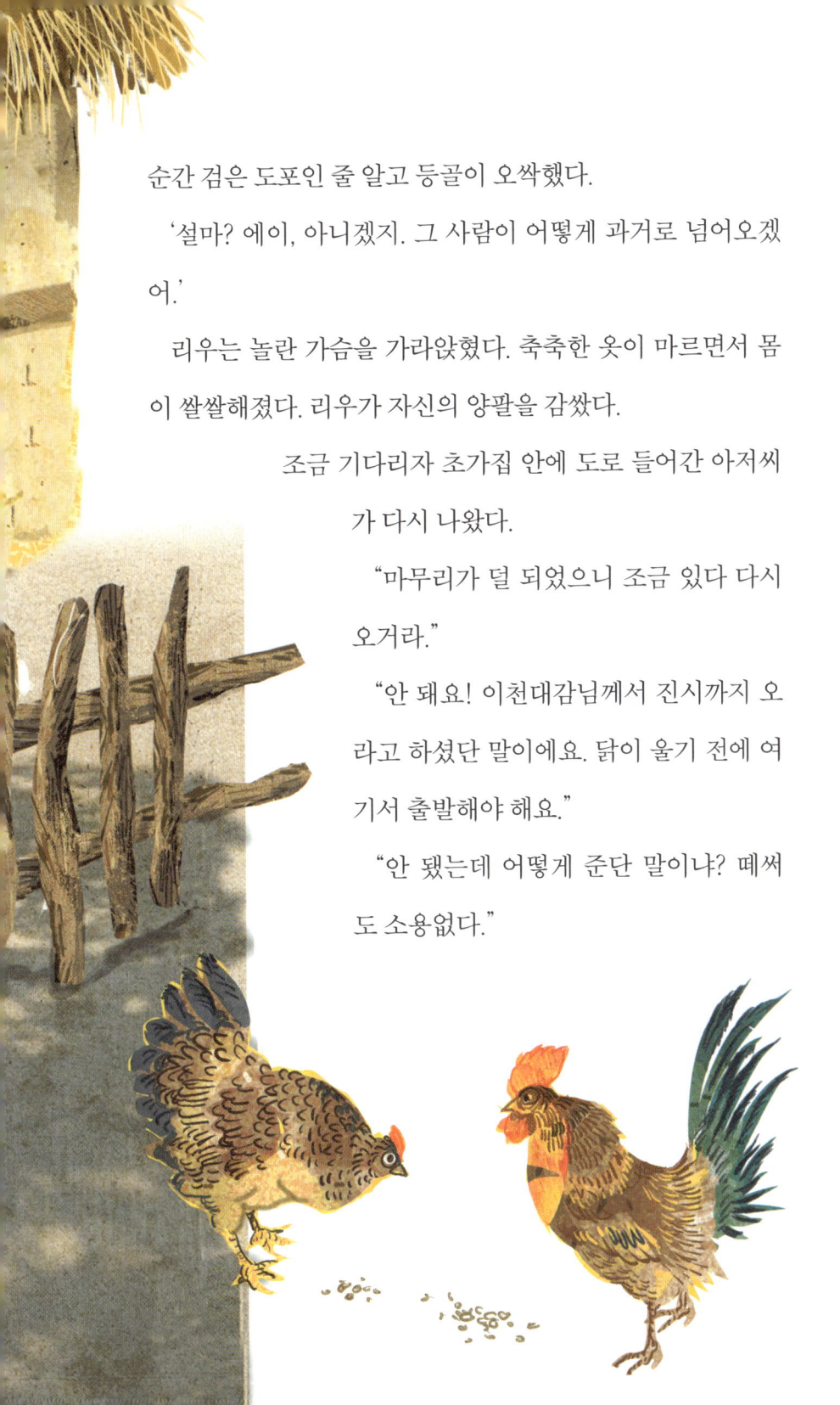

아이의 말에 아저씨가 단호히 말하면서 문을 세게 닫고 다시 들어가 버렸다.

"아저씨! 아저씨!"

아이가 문을 두드리며 외쳤지만 묵묵부답이었다. 그러자 아이는 마루 끝에 쪼그려 앉아 무릎 사이에 얼굴을 파묻었다. 리우는 조용히 두어 발자국 옆으로 떨어져 앉았다.

사방이 점점 밝아졌다. 햇살이 거리를 환히 비추었다. 벌레 울음소리가 잦아들었고, 경쾌한 새소리가 아침을 깨웠다. 참새들이 인적 없는 거리 위에 나와 바닥을 쪼아댔다.

아이는 턱을 무릎 위에 받치고 멍하니 마당을 바라보았다. 리우는 친절하게 대해 준 아이가 시무룩해 있는 게 계속 마음이 쓰였다.

"너무 걱정하지 마. 어쩔 수 없는 거 아니야? 이천대감님도 봐주실 거야."

"아니야. 대감님께서 원래는 나한테만 심부름 시키셨는데 이번엔 너까지 보내셨잖아. 사직나리께서도 애타게 기다리실 텐데. 제대로 제작해서 전하께 보여 드리겠다고 몇 번이나 말씀하셨어."

"사직나리?"

"응. 사직나리는 나와 같은 관노비인데도 실력이 출중하셔서 무려 전하께 벼슬을 받으신 분이야. 난 꼭 사직나리께서 이번에 성공하셨으면 좋겠어."

아이의 눈이 다시 반짝였다.

리우는 사직나리가 누구인지, 이천대감이 누군지는 알 리 없었지만, 아이의 말에 따르면 매우 대단한 사람들이라 짐작할 수 있었다.

그보다 리우에겐 아직 풀리지 않은 궁금증이 남아 있었다.

'그건 그렇고, 지금이 조선시대의 어느 시기인 거지?'

생각 끝에 리우가 아이에게 물었다.

"지금 왕, 아니 전하께선 어떤 분 같은데?"

리우의 물음에 아이가 자세를 고쳐 앉고 리우의 얼굴을 똑바로 쳐다보며 대답했다.

"너 정말 아무것도 몰라? 전하께선 우리 같은 천민들까지 헤아리시잖아. 음악이면 음악, 과학이면 과학, 모르는 분야가 하나도 없으시대. 이천대감님께서 그러셨는데 지금처럼 조선이 발전한 적이 없다고 들었어. 나는 전하께서 우리 조선을

이천대감의 심부름 43

천년만년 다스려 주셨으면 좋겠어."

"그렇지. 우리 조선……."

다방면의 지식을 가진 조선의 임금이라면 머릿속에 떠오르는 인물은 한 명밖에 없었다.

'그래, 세종대왕! 그런데 세종대왕과 구슬이 무슨 관계지?'

리우는 Z의 메시지와 세종대왕을 연결 짓느라 잠시 생각에 잠겼다. 그러자 아이가 먼저 말을 걸었다.

"난 비산이라고 해. 너는?"

"아, 내 이름은 리우야."

"리우? 내가 아는 관노비 중에 그런 이름은 처음 들어. 이렇게 또래를 만나니까 신이 나는걸. 모두 나보다 나이가 많거나, 동생들은 너무 어려서 같이 놀지도 못해. 근데 넌 어디 소속이야?"

"노비? 아, 그렇지. 나도 노비니까, 그냥 시키는 일이라면 다 하고 있어."

리우가 어색하게 웃었다. Z의 메시지를 풀기 위해서라면 무슨 일이든 마다하지 않으니 아예 틀린 말은 아니었다.

비산은 리우를 노비라고 확신했다. 허름한 복장 때문이겠지만 호수처럼 양반 옷을 입고 있었다면 분명 비산은 리우를 경계하고 어려워했을 것이다.

"그래서 이천대감님께서 내리신 심부름은 뭐야?"

"그, 그건 못 말해. 미안, 대감님께서 아무한테도 말하지 말라고 하셨어."

리우의 물음에 비산이 흠칫 놀라며 입술을 안으로 말아 넣었다. 어떻게든 대답하지 않겠다는 의지가 굳게 느껴졌다. 그런다고 쉽게 물러날 리우가 아니었다. 리우는 비산을 계속 보챘다.

바로 그때 초가집 문이 벌컥 열렸다. 문 열리는 소리에 깜짝 놀란 리우와 비산이 그 자리에서 벌떡 일어났다. 아저씨가 보통이 하나를 들고 나와 비산에게 내밀었다.

"얼마 안 걸린다고 했지? 뛰어가라. 대감님께 안부 전해 드리고."

"감사합니다, 아저씨!"

비산은 아저씨한테 받은 보통이를 가슴팍에 꼭 끌어안고 고개를 푹 숙여 인사했다. 아저씨는 대꾸도 하지 않고 다시 집 안으로 들어갔다.

비산이 보퉁이를 감싼 보자기 매듭을 조심스레 풀었다. 보자기 안에는 아담한 나무 상자가 들어 있었다. 비산은 리우를 등지고 뒤돌아섰다. 그러고는 나무 상자 뚜껑을 살짝 들춰 혼자만 상자 안을 살펴보았다.

"치사하긴, 볼 생각 없거든?"

"미안, 대감님 명이라 꼭 들어야 해서. 최대한 빨리 가야 하는데 혹시 주변에 날 따라오는 사람이 있는지 좀 봐 줄래?"

"알았어. 누구든 따라오는 사람 발견하면 말하면 되지?"

나무 상자를 절대 빼앗기면 안 된다는 걸 리우는 알아차렸다.

비산이 급히 거리로 뛰어나갔다. 나무 상자 안에 무엇이 들었는지 물을 새도 없을 정도로 리우는 쫓아가기에 바빴다.

"비산아! 같이 가!"

리우의 외침에도 비산은 돌아보지도 않았다.

점점 궁궐에 가까워질수록 멋스러운 한옥들이 눈에 들어왔다. 리우는 비산을 쫓아가는 와중에 튼튼한 돌담과 그 너머로 보이는 처마를 발견했다.

그런데 돌담이 연이어 있는 골목 끝으로 검은색 옷자락이 언뜻 비쳤다.

"어?"

리우는 걸음을 멈추고 골목 안을 둘러보았다. 아무것도 없었다. 단단히 다져진 흙길에는 담벼락이 만든 그림자만 드리워져 있었다. 그 외에 그림자는 보이지 않았다.

'내가 잘못 봤겠지? 그 사람이 따라왔을 리 없어.'

리우는 다른 생각을 하려고 애썼지만 왠지 모를 불안감에 자꾸만 주위를 둘러보았다. 결국 저만치 뛰어가는 비산을 부르고 말았다.

"비산아! 잠깐만! 여기 뭔가 수상해."

"수상하다니 뭐가?"

수상하다는 말에 그제야 비산이 걸음을 멈추고 돌아보았다. 이미 얼굴은 땀범벅이 되어 있었다. 긴 거리를 쉬지도 않고 뛰었으니 그럴 만도 했다.

리우가 비산을 향해 다가가자 비산이 말했다.

"아, 안 돼. 뛰어!"

얼굴이 하얗게 질린 비산이 온힘을 다해 달렸다. 도망가는 비산을 보고 리우가 뒤를 돌아봤다.

거기엔 검은 갓에 검은 도포를 입은 사람이 한손에 칼을 들고 달려오고 있었다.

"으악!"

비명이 절로 튀어나왔다. 검은 도포가 따라왔던 것이다.

리우는 있는 힘을 다해 도망쳤다. 숨이 턱밑까지 차올랐다. 심장이 이제 그만 쉬라고 재촉하는 것 같았지만 그럴 수 없었다.

한참을 달리다 보니 어느새 눈앞에 익숙한 연못과 정자가 보였다. 비산이 리우를 구했던 연못이었다. 리우는 점점 힘에 부쳤다. 앞서 도망가던 비산도 지쳤는지 달리는 속도가 느려졌다.

검은 도포가 부지런히 달리면서 거리를 좁혀 왔다. 셋 중에서 검은 도포가 제일 빨랐다. 리우와 비산이 어른을 따돌리기엔 역부족이었다.

"나무 위로 올라가자!"

비산이 정자 쪽으로 몸을 돌리며 외쳤다. 그러고는 옆에 서 있는 나무 앞으로 가더니 폴짝 뛰어서 굵은 가지를 두 손으로 붙잡았다. 굵은 가지와 가지 사이에 발을 낀 다음 익숙하게 나뭇가지를 잡고 나무 위로 올라갔다.

그러나 리우에겐 나무가 한없이 높아 보였다. 나무 아래에서 비산을 올려다보기만 했다. 그사이 세차게 뛰어오는 발소리가 무섭도록 가까워졌다. 검은 도포가 리우를 향해 질주하고 있었다.

리우는 할 수 없이 지친 다리를 이끌고 다시 달렸다. 검은 도포를 피하는 게 나무를 오르는 것보다 훨씬 나았다.

'검은 도포가 어떻게 여기까지 쫓아왔지? 내가 과거로 넘어올 때 휩쓸렸나? 그건 그렇다 치고, 내가 여기 있는 건 어떻게 알았지?'

리우의 머릿속은 엉망진창이 되어갔다.

그러는 동안 줄곧 들리던 검은 도포의 발소리가 작아졌다. 리우는 자리에 멈춰 섰다. 조심히 고개를 돌려 뒤를 살폈다.

당연히 자신을 쫓을 줄 알았던 검은 도포가 어느새 비산이 올라가 있는 나무 기둥을 사정없이 발로 차고 있었다. 그 바람에 나무 이파리들이 우수수 떨어졌다.

비산은 떨어질 새라 나무 기둥을 양팔로 꼭 붙잡았다. 하지만 검은 도포의 발길질에 위태롭게 매달려 있던 비산의 손이 미끄러지면서 균형을 잃을 뻔했다.

잠시 후 한참이나 발길질을 해대던 검은 도포가 뒤로 몇 발자국 물러나 숨을 골랐다. 품에서 뭔가 반짝이는 걸 꺼내 하늘 위로 던졌다.

그것은 하늘 높이 올랐다. 반원을 그리다가 비산이 매달린 나무와 나뭇가지에 맞고 몇 번 튕겨져 나와 리우의 발밑에 깊숙이 박혔다. 순식간에 일어난 일이었다.

그것은 쇠 표창이었다. 표창에는 붉은 선 네 개가 사선으로 그어져 있었다.

'어린아이한테 무기를 사용하다니.'

리우는 가슴속이 뜨거워졌다. 리우는 재빠르게 땅에 떨어진 표창을 주웠다. 검은 도포가 리우를 노려보았다.

"이런, 방해하지 마라."

"무기를 쓰다니 비겁해!"

화가 난 리우가 표창을 멀리 던져 버렸다. 표창은 검은 도포의 머리 위를 날아가 연못 속으로 떨어졌다.

검은 도포가 리우를 향해 달려왔다. 리우의 목덜미를 한손으로 붙잡아 그대로 땅에 내리쳤다.

"아악!"

얼얼한 통증이 리우의 몸 전체로 퍼졌다. 어떻게 해볼 수 없는 힘의 차이가 느껴졌다. 리우는 포기하지 않고 검은 도포의 다리를 양손으로 붙잡고는 입을 대 꽉 깨물었다.

"으아악!"

검은 도포가 비명을 지르며 자기 다리를 이리저리 휘둘렀다. 손은 리우의 뒷덜미를 우악스럽게 붙든 채였다. 리우는 그럴수록 필사적으로 다리에 매달렸다. 검은 도포의 발길질이 몸 여기저기로 날아들었다. 리우는 당장이라도 정신을 잃을 것 같았다.

그때 뭔가 둔탁한 소리가 들렸다. 검은 도포가 리우 눈앞으로 쿵, 하고 쓰러졌다. 함께 넘어진 리우가 간신히 몸을 일으켰을 때 비산이 흙바닥에 나동그라져 있었다.

"비산! 괜찮아?"

"응, 넌 다친 데 없어?"

리우가 괜찮다는 뜻으로 고개를 저었다. 그때 넘어져서 잠깐 정신을 잃었던 검은 도포가 몸을 움직였다. 그러자 리우가 바닥의 흙을 한 줌 쥐어 검은 도포의 눈을 향해 뿌렸다.

"아악! 악, 내 눈!"

검은 도포가 거친 말을 내뱉으며 그 자리에 주저앉았다.

"도망쳐!"

리우는 비산을 따라 도망쳤다. 두 사람은 왔던 길을 되돌아갔다. 골목 사이사이를 지나치는데 비산이 메고 있던 보퉁이에서 덜그럭, 소리가 났다.

리우와 비산은 잠시 숨을 돌릴 겸 허름한 헛간을 찾아 들어갔다. 헛간 안에는 볏짚이 잔뜩 쌓여 있었는데 오래 묵은 풀 냄새가 났다. 리우는 비산과 함께 쌓여 있는 볏짚 틈에 몸을 숨겼다.

잠시 후 어떻게 알았는지 검은 도포가 헛간의 문틈으로 설핏 보였다가 지나갔다. 둘은 약속이라도 한 듯이 입을 막고 숨을 멈추었다. 점점 발소리가 멀어졌다.

그렇게 한참이 지나고 나서야 리우가 한숨을 돌리며 말을 꺼냈다.

"휴, 근데 아까 나무 위에서 어떻게 뛰어내린 거야? 안 무서

왔어?"

"아까 그놈이 너를 마구 때리려 하는데 내가 어떻게 가만히 있을 수 있겠어. 사실 조금 무서웠는데 두 눈 꼭 감고 그 놈 쪽으로 몸을 날렸지."

"고마워. 네 덕에 살았어. 정말이야."

리우가 진심을 담아 비산에게 고마움을 전했다.

헛간 너머로 닭 울음소리가 들렸다. 비산의 눈동자가 커졌다. 리우는 이천대감의 심부름을 위해 닭이 울기도 전에 나왔다는 비산의 말이 떠올랐다.

"얼른 이천대감님께 가자."

"그래."

리우의 말에 비산이 자리에서 일어났는데 고개를 갸웃거렸다. 비산이 등에 멘 보퉁이를 매만졌다.

"어? 보퉁이가 왜 이렇게 가볍지?"

비산이 급히 매듭을 풀어 보았다. 나무상자의 모서리가 깨져 있었다. 떨리는 손으로 상자 안을 열었다. 이미 망가진 상자 안이 텅 비어 있었다.

"이게 뭐야, 어떡해. 잃어버렸어."

"뭘 잃어버렸다고?"

"구슬 말이야. 쇠구슬이 있어야 하는데 그게 없어."

비산의 말에 리우의 심장이 다시 요동쳤다. 왠지 메시지의 실마리에 성큼 다가선 것만 같았다.

저고리 끝에 달린 것

"그러고 보니 아까 나무에서 뛰어내렸을 때 뭔가 깨지는 소리가 났던 것 같아. 매듭이 헐겁긴 했는데, 상자가 깨지면서 거기 들어 있던 구슬이 보퉁이 밖으로 튀어 나갔나 봐."

한동안 입을 다물고 있던 비산이 힘이 하나도 없는 목소리로 말했다.

"날 구하려다 그런 거잖아."

"아니야, 다 내 탓이야. 벌써 진시가 다 되었을 텐데."

비산은 리우의 위로에도 콧물을 훌쩍거리며 흐르는 눈물을 닦았다. 자책하는 비산을 보니 리우의 마음이 무거워졌다. 이 모든 게 검은 도포의 탓이라고 말했지만 소용없었다.

그러는 사이 헛간 벽에 뚫린 작은 구멍들로 햇살이 들어왔다. 수레가 덜컹거리는 소리와 사람들의 대화 소리가 간간이 들렸다. 거리에 사람들이 다니는 걸 보니 약속 시간에 늦은 게 분명했다.

"이천대감님께서 나한테 실망하셨을 거야. 사직나리께서 만들고 있는 기구에 꼭 필요한 것이라 하셨는데."

"그 구슬이?"

"응. 내일 써야 해서 오늘 꼭 필요하다고 하셨어. 제시간에 드리기는커녕 잃어버리다니……."

비산의 말을 듣고 리우는 구슬을 떠올려 보았다. 그동안 역사 공부도 많이 하고 여러 역사박물관도 다녀 봤지만 쇠구슬로 만들어진 유물은 본 적이 없었다. 비산이 잃어버린 구슬이 어떻게 쓰일지 짐작도 가지 않았다.

"에이, 중요한 건 아닐 거야. 그렇게 중요한 거라면 우리 같은 어린애들한테 시키시지 않았겠지."

"아니, 어른들은 안 된댔어. 사직나리를 못마땅하게 보는 양반들이 알면 방해할 거래. 얼마 전엔 만들어 놓은 기구가 사라진 적도 있고, 심지어 필요한 재료를 도둑맞은 적도 있었대. 그래서 이 일과 전혀 관련 없는, 악공인 날 부르신 거야. 아무도 어린 악공을 의심하지 않을 거라면서. 근데 그걸 내가 망쳐 버렸어."

거의 말라가던 비산의 눈가에 눈물이 다시 맺혔다.

"악공이라고?"

리우는 비산의 말에 깜짝 놀랐다.

"응, 왜? 이천대감님께서는 내가 하루 종일 당피리 연습하는 걸 보시고 칭찬해 주셨어. 이제 천민도 재능이 있으면 대우받는 세상이 되었다고 하시면서."

비산이 급히 허리춤을 더듬다가 등 뒤에서 작대기처럼 보이는 나무를 하나 꺼냈다. 안이 동그랗게 비어 있는 나무에는 작은 구멍이 일렬로 나 있었다. 단소랑 비슷하게 생겼는데 주둥이를 제외한 나머지 부분에 짙은 고동색을 띠었다.

비산이 그것을 이리저리 만져 보더니 한숨을 내쉬었다.

"그게 뭐야?"

"이게 당피리야. 예전에 관청에서 절까지 심부름하러 다닌 적이 있는데

거기 계신 스님께서 피리 부는 법을 가르쳐 주셨어. 난 지금도 악공으로 발탁된 날은 잊지 못해. 그날부터 하루라도 연습을 안 하면 실력이 줄어드는 것 같거든."

피리 생각만 해도 좋은지 울상이던 비산의 얼굴에 설핏 미소가 그려졌다. 비산의 얼굴을 보고 안심이 되었는지 리우는 일어나 헛간 문을 살짝 열어 보았다.

파르스름했던 하늘이 노란빛으로 가득했다. 멀리 보이는 산등성이 위로 해가 떠 있었다. 사람들로 거리가 더 북적대기 전에 잃어버린 구슬부터 찾아야 했다.

비산이 리우를 구하려다 잃어버린 구슬을 찾아야 Z의 메시지가 무슨 말인지 알 수 있기 때문이다.

"우리 나가서 구슬을 찾아보자. 아까 도망치다가 보퉁이 밖으로 떨어졌다면 이 근방에 있을 거야."

"좋아! 그놈이 있는지 보고 올 테니 잠깐 기다려."

비산은 리우의 말에 자리를 박차고 일어났다.

"왜? 같이 나가면 되지."

"우리가 한꺼번에 움직이면 눈에 띨지도 몰라. 그리고 넌 이쪽 길도 잘 모르잖아. 나만 계속 따라와 놓고는. 금방 올 테니 조금만 기다려."

 비산은 허리춤에 당피리를 도로 꽂고는 헛간 밖으로 나가 버렸다. 엉겁결에 리우는 헛간 안에 홀로 남겨지고 말았다. 비산을 따라갈까 고민하다가 바닥에 주저앉았다. 메시지의 실마리를 풀려면 처음으로 돌아가 생각하는 편이 나았다.

 리우는 청동거울을 꺼냈다. 거울에 그림 세 개가 떠올랐다. 말과 칼, 그리고 두 동강 난 왕관이었다. 리우는 그중에서 말 그림을 눌렀다.

이성계는 원래 고려 말기의 장수였어요. 장수인 아버지를 따라 적진을 누비며 공을 세웠죠. 그러다 1388년, 고려 우왕이 이성계를 불러 명나라가 다스리고 있는 요동 지역을 정벌하라고 명령했어요. 그러자 이성계는 전쟁을 하면 안 되는 이유를 네 가지를 들어 설명했어요. 작은 나라인 고려가 큰 나라인 명나라를 치는 것은 불가능하며, 여름철엔 농사가 한창이니 군사를 충분히 동원하지 못하고, 명나라와 싸우는 동안 왜적이 쳐들어올 수 있고, 장마철이기에 활의 아교가 풀어져 제대로 전투를 벌이지 못할 거라고 말이지요. 하지만 우왕은 뜻을 굽히지 않았어요. 결국 이성계는 군사 5만을 끌고 요동을 정벌하러 나섰어요.

위화도에 이르렀을 즈음이었어요. 비가 많이 내려 강물이 몹시 불어 있었는데, 이 강을 건너야 적진에 이를 수 있었어요. 이성계는 무리해서라도 강물을 건너 적군을 공격해야 할지 고민했어요.

고민 끝에 그는 결단을 내렸어요. 이성계는 말머리를 돌려 군사들을 이끌고 고려 궁으로 쳐들어갔어요. 우왕을 몰아내고 아홉 살인 창왕을 왕위에 앉혔지요. 그리고 본격적으로 새

나라를 세울 준비를 했어요. 그렇게 1392년, 이성계는 새나라 조선을 세우고 조선의 제1대왕이 되었어요. 조선은 이때부터 1910년까지 약 500년간 이어졌어요.

"위화도 회군! 기억나. 이성계가 위화도에서 군대를 돌려 돌아왔었다고 저번에 호수가 가르쳐 줬어! 근데 호수는 잘 있으려나."

안 그래도 리우는 걱정이 산더미였다. 결국 호수는 찾지도 못하고 검은 도포에게 쫓기다가 과거로 넘어와 버렸기 때문이다.

아무래도 검은 도포가 수상했다. 검은 도포는 리우에게 '길이 있다'면서 쫓아와 놓고는 뜬금없이 비산을 공격했다. 그렇다면 비산을 노리는 목적이 있을 것이다. 이천대감일까, 그것도 아니면 사직나리라는 사람일까.

리우는 검은 도포가 던진 표창의 빨간 무늬가 잊히지 않았다. 경회루 앞에서 그가 들고 있던 칼날에도 같은 무늬가 있었던 게 기억났다.

'둘 다 같은 곳에서 만들어진 건가?'

리우가 생각에 잠긴 사이 비산이 헛간 안으로 돌아왔다.

"이제 나와도 돼. 주변에 검은색 옷을 입은 사람은 안 보여."

금세 밝아진 비산의 표정을 보고 리우도 안심이 되었다.

아까 들어올 때와 달리 헛간을 나가는 순간 눈부신 햇살이 리우를 반겼다.

"우리가 지나왔던 데에 구슬이 떨어져 있을 수 있으니까 같이 되짚어 보자."

"좋아."

비산의 말에 리우는 거리 이곳저곳을 기웃거리며 구슬을 찾았다. 비산이 앞서 가면 리우가 따라가면서 땅바닥을 다시 확인했다.

봇짐을 진 상인들이 바삐 거리를 오갔다. 이따금 머리 위로 바구니를 인 여인들도 지나다녔다. 가끔 리우와 같은 또래 아이들이 거리를 가로질러 뛰어다녔다.

사람들이 들어찬 한양의 골목은 복작하면서도 제각각이었다. 어떤 골목은 두 사람이 간신히 지나다녀야 할 만큼 좁고, 또 어떤 골목은 수레 두세 대가 한 번에 지나가도 남을 만큼

넓었다.

리우와 비산은 셀 수 없을 만큼 많은 골목을 여러 번 돌아다녔다. 구슬을 찾느라, 바닥에 바짝 엎드린 채 담벼락 아래 잡초가 무성한 곳도 헤집어 보기도 했다.

두 사람이 한양 거리를 구석구석 누비는 동안 산줄기의 가장 높은 곳을 향해 해가 천천히 올라가고 있었다. 따뜻했던 햇살이 이제는 따가웠고 몸이 점점 뜨거워졌다.

리우의 목덜미에서 땀방울이 흘러내렸다. 옷이 몸에 들러붙어 움직이는 것도 불편했다. 비산의 걸음걸이도 점차 느려졌다. 구슬처럼 생긴 그 무엇도 찾지 못하자 리우는 초조해졌다. 한번 둘러본 곳을 연거푸 기웃거렸지만 구슬 같은 건 없었다.

비산과 리우가 연못가에 둘러쳐 놓인 돌멩이 위에 걸터앉았다. 비산이 손톱을 물어뜯으며 말했다.

"아무리 둘러봐도 보이지 않아. 설마 검은 도포가 이미 가져간 게 아닐까?"

"그럴 리 없어. 우리가 아직 못 찾은 걸 거야."

말은 그렇게 했지만 리우도 불안하긴 마찬가지였다. 헛간에서 시간을 너무 허비한 게 아닌가 하는 생각이 들었다. 리우는 막막한 마음에 하늘을 올려다보았다. 하늘 높이 뭉게구름이 떠다녔다.

"와, 구름 진짜 높게 떴다. 저렇게 높은 곳에서 보면 온 세상이 다 보일 텐데."

"높은 곳? 그래! 그거야!"

리우의 말에 비산이 벌떡 일어났다. 비산의 콧등에는 땀방울이 맺혀 있었다.

"내가 나무를 타고 올라가서 구슬이 어디 있는지 볼게."

"에이, 아무리 그래도 거기서 구슬을 어떻게 찾아. 여기 나무들 그리 높지도 않던데."

"구슬을 찾는 게 아니라 반짝이는 걸 찾는 거야. 볕이 강하니까 거기에 반사된 게 있나 보면 되지 않을까?"

비산이 확신에 찬 목소리로 말하더니 먼저 일어나 걸음을 옮겼다. 그러다가 맞은편에서 오던 사람을 발견하지 못하고 어깨를 부딪혔다.

"천한 것이 눈을 어디 두고 다니는 것이냐?"

"죄송합니다, 나리. 용서해 주십시오."

비산이 땅에 납작 엎드렸다. 비산과 부딪힌 사람은 청록색 도포를 두르고 머리에는 갓을 쓰고 있었다. 얼굴을 보아 하니 리우보다 나이가 조금 들어 보였다. 무엇보다 심하게 부딪히지도 않았는데 양반이 괜히 유세를 부리는 것 같았다.

"너무하네, 같이 부딪힌 것 가지고……."

"지금 뭐라고 했느냐?"

양반이 구시렁대는 리우에게로 걸어왔다. 그리고는 대뜸 리우의 멱살을 거칠게 잡았다. 양반의 거센 손길에 리우의 저고리에 달린 자석이 툭, 떨어져 나갔다.

"종놈이 양반 앞에서 못하는 말이 없구나."

양반이 세게 밀치자 리우가 뒤로 고꾸라졌다. 리우는 마음 같아선 되받아치고 싶었지만, 지금 이곳은 신분제도를 엄격히 지키는 조선시대였다. 멱살을 쥔 쪽은 양반이고 리우는 천민의 행색을 하고 있었다.

리우가 양반의 눈길을 피하며 입술을 꽉 깨물었다. 바로 뒤에서 비산이 다가와 고개를 조아렸다.

"나리, 저희가 잘못을 저질렀습니다. 다시는 이런 일 없도록 하겠습니다. 용서해 주십시오. 제 친구 놈이 뭘 몰라도 한참 몰라서 저러는 것이니 선처를 베풀어 주십시오!"

비산이 리우의 고개를 손으로 강하게 눌렀다. 그 바람에 리우도 같이 고개를 푹 수그리는 모양새가 되었다.

"쯧쯧, 대낮부터 재수 없게."

양반이 혀를 끌끌 차더니 리우의 어깨를 치며 지나갔다. 그러자 비산이 리우에게 작은 목소리로 다그쳤다.

"너 미쳤어? 거리 한복판에서 양반하고 싸우려고 들면 어떡해! 보는 눈도 많은데. 여기에 우리 편은 한 명도 없어."

"우리가 그렇게까지 잘못했어? 부딪혀서 넘어진 것도 아니잖아. 저 사람도 부주의했다고!"

"잘잘못을 따지는 게 아니야. 양반하고 부딪힌 게 문제인 거지."

리우는 분이 안 풀렸는지 비산의 말에 대꾸도 안 하고 저고리에서 떨어져 나간 자석을 주워들었다. 그런데 자석 뒤에 거뭇거뭇한 게 묻어 있었다. 손으로 문질렀지만 철가루라도 달라붙었는지 잘 떨어지지 않았다.

리우가 잔뜩 짜증이 난 투로 말했다.

"대뜸 먹살 잡힌 것도 열 받는데 왜 이것까지 말썽이야. 괜히 자석 달린 걸 받아서……."

그때 리우의 머릿속에 좋은 생각이 떠올랐다. 리우는 자석에 달린 리본 매듭을 조심스럽게 풀었다. 기다란 끈 끝에 자석이 붙은 모양이 되었다.

"이거다!"

"무슨 일인데?"

"아, 별거 아니야. 우리 아까 갔던 데 다시 살펴보자. 네 말대로 나무 위에 올라가 봐도 구슬은 안 보일 거야."

리우가 비산의 어깨를 잡고 앞세우자 이번엔 비산이 리우 말에 따라 말없이 걸음을 옮겼다.

잠시 후 차츰 비산이 앞서나가면서 둘 사이에 거리가 벌어졌다. 리우는 저고리에서 떼낸 자석 달린 끈을 바닥에 질질 끌면서 걷고 있었다. 첫 번째 골목으로 들어서는데 탁, 하는 소리가 들렸다. 자석이 수레바퀴에 달라붙었다. 수레를 끌고 가는 아저씨가 마뜩치 않은 표정으로 리우를 바라보았다. 리우가 재빨리 자석을 떼어내며 고개 숙여 사과하자, 아저씨가 구시렁거리며 도로 수레를 끌고 갔다. 리우는 절로 웃음이 났다.

'이거야! 쇠구슬이니까 자석에도 붙겠지.'

리우는 대문 아래에 파인 구덩이나 손이 닿지 않는 풀숲에 자석을 내려 보았다. 흙과 철가루가 묻어 끈이 점점 흙빛으로 변해 갔다.

어느덧 리우와 비산이 숨었던 헛간이 보였다. 리우는 기운이 쭉 빠졌다. 왔던 길을 되돌아 샅샅이 찾아보았지만 구슬은 이번에도 찾을 수 없었다. 자석에는 엉뚱한 것들만 들러붙었다.

심지어 비산이 '여기 뭔가 반짝여!'라면서 달려간 곳에는 쇠구슬이 아니라 대장장이가 잠시 내놓은 무쇠화로가 있거나 하는 식이었다.

리우는 양팔을 뒤로 젖혀 기지개를 크게 켰다. 오랫동안 허리를 굽히고 있었더니 몸이 뻐근했다. 우연히 바라본 담벼락 너머의 기와집 처마 끝에는 까치 한 마리가 앉아 있었다. 높은 담 너머로 보일 만큼 기와집이 꽤나 컸다.

"이 집, 엄청 부잣집인가 보네?"

"응, 어떤 대감님 댁이라고 들었어."

비산이 옷에 묻은 먼지를 털면서 대답했다. 비산의 소매에는 흙먼지가 잔뜩 묻어 있었다. 거대하고 견고한 기와집 근처엔 구슬이 굴러들어갈 틈 같은 건 없어 보였다. 두 사람은 무심히 담벼락을 따라 걸었다.

그때 불현듯 리우가 뭔가 생각난 듯 말했다.

"그러고 보니 여기는 제대로 찾아보지 않았네."

리우는 기와집을 둘러싼 담벼락 끝 아래부터 차분히 보았다. 자세히 보니 담벼락에 실금이 가 있거나 흙먼지가 쌓여 있었다. 밑바닥에는 담벼락을 따라 잡초들이 무성히 자라 있었다.

그리고 유난히 잡초들이 무성한 곳이 보였다. 리우는 쭈그리고 앉아 잡초들을 헤집어 보았다. 그런데 손이 땅보다 더 깊숙이 내려가는 느낌이 들었다.

"어?"

리우는 납작 엎드려 수풀 사이를 쳐다보았다. 구멍이라곤 없을 것 같았던 담벼락 아랫부분이 깨져서 그 밑으로 깊은 구덩이가 패여 있었다. 어른 주먹 두 개는 들어가고 남을 크기였다.

리우는 잡초를 모두 헤치고 구덩이 너머로 보이는 집 안을 들여다보았다. 거기엔 정돈된 마당이 있었고 가장자리에 꽃

과 나무들이 잘 심어져 있었다. 그리고 금방이라도 손이 닿을 것 같은 거리에 뭔가가 반짝거렸다.

 혹시나 하는 마음에 리우가 자석 끈을 구덩이 너머로 던졌다. 그러자 자석이 날아가 착, 하는 소리를 냈다. 건너편에 쇳

덩이가 있는 것이 분명했다. 리우가 끈을 살살 당겼더니 자석과 함께 어른 주먹만 한 쇠구슬이 끌려 나오기 시작했다. 구슬이라기보다 공에 가까운 크기였다.

"비산아! 이거 맞아?"

리우가 흥분된 목소리로 비산을 불렀다. 바로 그때 담벼락 구멍으로 날카로운 이빨이 튀어나오는 바람에 리우가 뒤로 나자빠졌다.

"앗!"

거기엔 큰 백구가 주둥이를 들이밀며 으르렁거리고 있었다.

물건을 찾으러 가는 길

"맞아! 저거야!"

비산은 그토록 찾던 쇠구슬이 으르렁대는 백구 앞에 떨어져 있는 걸 보고 기쁨을 감추지 못했다.

몸을 일으킨 리우가 대문을 두드렸다. 그러자 비산이 기겁하며 리우를 붙들었다.

"미쳤어? 대감집 문은 함부로 두드리면 안 되는 거 몰라?"

"우리가 잘못한 것도 아닌데 뭘, 떨어뜨린 거 주우러 왔다고 하면 되잖아."

리우는 이해되지 않는다는 표정을 지었다. 마침 상투를 튼 아저씨가 대문을 열고 나왔다. 리우와 비산처럼 무채색 옷을 입었는데 깔끔했다. 아저씨는 리우의 행색을 보고 마치 더러운 걸 봤다는 듯 얼굴을 찌푸렸다.

"웬 놈이야?"

"담 너머로 저희 물건이 하나 넘어 들어갔어요. 죄송하지만 잠깐 들어가서 가지고 나와도 될까요?"

"여기가 어디라고 함부로 발을 들여? 썩 꺼지지 못해?"

아저씨가 문을 쾅 닫았다. 문이 닫히면서 생긴 바람이 리우의 뺨을 때리는 것 같았다. 리우는 신분이 낮다는 이유만으로 뭘 해도 잘못한 사람이 된 기분이 느껴져 화가 났다. 그런 리우의 맘을 읽었는지 비산이 옆에서 달랬다.

"내가 그랬잖아. 될 리 없다고. 밖에서 저 개를 어떻게든 쫓아내 보자."

다시 담벼락 앞으로 돌아왔는데 백구는 여전히 구멍 앞에서 이빨을 드러내며 으르렁거렸다. 설상가상으로 자석이 달린 끈을 백구가 앞발로 밟고 가만히 있었다.

비산은 구멍 앞에 쭈그리고 앉아 저리 물러나라며 휘휘 내쫓는 시늉을 했지만 백구는 끄떡도 하지 않았다. 오히려 구멍 밖으로 주둥이를 쑥 내밀어 비산의 손을 물려고 했다. 나뭇가지를 구해와 위협해 봤지만 백구에게 나뭇가지는 한입거리였다.

 리우가 땅바닥에 주저앉아 고개를 뒤로 젖혔다. 이마에서 땀이 흘러내렸다. 비산도 리우 옆에 앉아 한숨을 크게 내쉬며 말했다.

 "휴, 이 앞을 오가다 몇 번 봤는데 이 집 개였네. 쟤 성격 엄청 고약해. 욕심이 많은 건지 자기한테 들어온 건 절대 안 줘. 저번에 쟤한테 팽이를 뺏겨서 우는 애도 몇 번 봤는걸."

 "그럼 내가 구멍 밖으로 나오도록 유인할까? 약 올려서 빠져나오게 하면 될 것 같은데."

 "그건 위험해. 사람도 물어 버릴 텐데? 아까 나뭇가지도 부러뜨렸잖아."

 비산의 말이 맞았다. 백구는 그 자리에 엎드려 리우와 비산을 노려보다가 눈앞에 떨어진 나뭇가지를 질겅질겅 씹었다. 그러자 갑자기 비산이 혼비백산해서 자기 허리를 더듬다가 당피리를 꺼내 들고는 한숨을 쉬었다.

 "휴, 내 정신 좀 봐. 순간 내가 개한테 나뭇가지가 아니라 당피리를 던졌나 착각했어."

"엄청 소중하게 지니고 다니는데 그럴 리가 있겠어? 당피리 부는 게 그렇게 좋아?"

리우가 당피리를 애지중지하는 비산을 보고 물었다.

"응, 피리를 불면 내가 노비라는 사실도 잊어버려. 피리만 잘 불면 신분이 높아지고 노비에서 벗어날 수도 있어. 어? 가만, 피리 안에 뭐가 들어간 거 같은데?"

비산이 피리를 들어 안을 들여다보더니 입에 대고 불었다. 삑, 하는 소리가 리우의 고막을 때렸다. 그러자 나뭇가지를 씹고 있던 백구가 깜짝 놀라 크게 짖었다.

그 소리가 어찌나 큰지 대문이 다시 열리고 아까 그 아저씨가 나왔다.

"야 이놈들아, 아직도 안 꺼지고 여기서 뭐하는 거야?"

아저씨는 리우와 비산을 보고는 성을 내기 시작했다. 이제 리우는 아저씨의 큰소리에 화가 나거나 속상하지 않았다. 대신 절대 열리지 않을 것 같던 대문이 다시 열려 리우의 눈을 번쩍 뜨게 만들었다. 리우가 비산에게 작게 읊조렸다.

"지금 피리 불 수 있어?"

"불 수야 있지. 근데 갑자기 왜?"

"그럼 됐어."

리우가 아저씨 앞으로 다가갔다. 아저씨가 양팔을 팔짱 낀 채 못마땅한 표정으로 리우를 내려다보았다. 리우가 두 손을 공손하게 모으고 고개를 조아렸다.

"아까는 제가 무례했습니다. 못 배워 그런 것이니 너그러이 용서해 주십시오. 저희가 막무가내로 들어가겠다는 것이 아닙니다."

"그럼 뭐야?"

"제 친구가 피리를 꽤 잘 부는데요, 무려 궁에서 피리를 부는 악공입니다. 제 친구의 연주를 들어보시고 마음에 드시면 마당에 잠깐 발을 들이는 것을 허락해 주시겠어요?"

리우가 비산을 돌아보고 입모양으로 '뭐해, 얼른 불어!'라고 말했다. 엉겁결에 비산은 들고 있던 당피리를 입에 가져다 댔다.

비산은 몇 번 센소리를 내더니 눈을 감고 진지하게 피리를 불기 시작했다. 낮은 음이 길게 뻗어 나왔다. 비산의 숨이 피리를 타고 나와 주위의 공기를 뚫고 지나갔.

피리에서 흘러나온 음이 나비처럼 살며시 올랐다가 내리기를 반복했다. 어느 부분은 바람이 내는 연주 같았다. 사람들이 하나둘 가던 길을 멈추고 비산을 바라보았다.

돌처럼 딱딱했던 아저씨도 입을 헤 벌리며 비산의 연주를 감상했다. 리우 역시 아저씨처럼 입을 다물 수 없었다. 비산의 연주는 생각보다 기가 막혔다.

그러다 정신이 든 건 뜨거워진 청동거울 때문이었다. 리우는 깜짝 놀라 청동거울을 꺼내 들었다. 청동거울에서는 빛이 새어 나오고 있었다. 아저씨는 리우를 본 체 만 체했고, 대문은 여전히 열려 있었다.

리우가 청동거울을 허리에 끼우고는 까치발로 살금살금 대문 안으로 걸어갔다. 그러는 동안에도 아저씨는 비산의 연주에 홀린 사람처럼 리우 쪽을 쳐다보지도 않았다. 점점 많은 사람이 비산을 둘러싸기 시작하자 사람들에 가려 비산은 물론 아저씨도 잘 보이지 않았다. 리우가 큰 숨을 들이쉬고는 마당으로 발을 내디뎠다.

집 안에는 궁궐처럼 집들이 여러 채 있었고 밖에서 본 것처럼 마당은 작은 정원처럼 잘 꾸며져 있었다. 관리가 잘된 나무들이 마당 가장자리를 차지하고 있었다. 서늘한 바람이 불

어와 꽃잎을 스치고 지나갔다.

그때 백구가 리우를 발견하고는 꼬리를 높게 쳐든 채 낮은 보폭으로 다가왔다. 리우는 잠시 고민하다 한쪽 짚신을 벗어 멀리 던졌다. 백구가 재빠르게 달려가 짚신을 물고 의기양양하게 어딘가로 가 버렸다. 욕심이 많다던 비산의 말이 맞았던 것이다.

리우의 눈에 반짝이는 쇠구슬이 보였다. 쇠구슬은 꽤 묵직했다. 리우는 구슬에 묻은 흙먼지를 털고 너덜너덜해진 자석 끈과 함께 바지 주머니에 쑤셔 넣었다.

마침 담벼락 너머로 들리던 피리 소리가 뚝 끊겼다. 이어서 박수소리가 들려왔다. 리우는 황급히 대문을 향해 뛰었다. 다시 나가서 아무 일 없는 듯 행동해야 했다. 그런데 대문 앞에 아저씨가 떡하니 버티고는 리우를 막아섰다.

"내가 분명히 들어가지 말라고 했을 텐데. 이런 얕은 수로 사람을 홀려? 함부로 들어왔으니 맘대로 못 나간다."

"아닙니다! 정말 구슬만 가지고 나오려고 했어요. 용서해 주세요!"

순식간에 아저씨가 리우의 뒷덜미를 꽉 붙들었다. 어떻게든 아저씨의 손아귀에서 나오려고 발버둥을 쳤지만 도저히 빠져나올 수가 없었다. 리우는 한손으로 대문 끄트머리를 잡고 한손으로 바지주머니에서 빠진 쇠구슬을 품에 안았다.

"도와주세요! 사람 살려요!"

리우의 입에서는 살려 달라는 말이 절로 튀어나왔다. 그때 누군가 소리쳤다.

"무슨 연유로 어린아이를 붙잡고 있소?"

갓을 눌러쓴 남자와 풍채 좋은 남자가 함께 대문 쪽으로 다가왔다. 둘 다 양반 같았다. 풍채 좋은 남자는 후덕한 얼굴이었고, 갓을 쓴 남자의 얼굴은 잘 보이지 않았다. 갓 쓴 남자가 들고 있던 부채를 펴서 입을 가리고는 풍채 좋은 남자한테 무어라 속삭였다. 아저씨가 리우를 붙든 채로 말했다.

"이 녀석이 함부로 남의 집에 들어온 게 아닙니까!"

"아녜요! 제 물건이 이 집 담을 넘어가서 잠깐 가지러 온 것뿐이에요. 정말이에요!"

리우가 다급하게 말했다. 풍채 좋은 남자가 리우 손에 든 쇠구슬을 뚫어지게 쳐다보다가 말했다.

"저건 내 물건이니 아이를 놔 주게. 내 심부름을 하는 길에 방해꾼을 만났던 모양이야. 자네도 가끔 뜻대로 안 될 때가 있지 않나."

"지당하신 말씀입니다, 사직나리."

갓 쓴 남자가 맞장구를 쳤다. 목소리가 부드러웠다.

'사직나리?'

리우의 귀에 '사직나리'라는 말이 맴돌았다. 심지어 그의 목소리가 귀에 익었다. 그 말에 아저씨가 마지못해 리우의 목덜미를 쥔 손을 놓았다.

겨우 빠져나온 리우가 두 사람에게 허리를 숙여 인사했다.

"감사합니다! 감사합니다!"

"감사는 이자에게 하려무나. 난 이자가 오자는 대로 왔을 뿐이다."

사직나리가 옆의 양반을 가리키며 말했다. 그제야 고개를 든 리우는 너무 놀라 소리를 지를 뻔했다. 보라색 도포를 두르고 갓을 눌러쓴 호수의 얼굴이 눈앞에 있었기 때문이었다. 호수는 리우를 못 알아본 건지, 일부러 아는 척을 하지 않는 건지 계속 부채질을 하더니 사직나리에게 말했다.

"그만 가시지요. 시간이 지체되었습니다."

"그러자꾸나."

사직나리가 대답하면서 리우를 바라보았다.

"처음 보는데 꽤 맹랑하구나. 역시 이천대감이 사람 보는 눈이 좋지. 애썼다. 이제 그걸 나에게 다오."

사직나리의 말투는 느릿느릿하고 차분했는데 리우의 놀란 마음이 가라앉힐 정도였다. 리우가 사직나리에게 쇠구슬을 건넸다.

사직나리와 호수는 뒤돌아 자리를 떠났다. 너무나 갑작스러운 상황에 리우는 어안이 벙벙했지만 곧 정신을 차리고는 사직나리와 호수의 뒤를 따라 걸었다. 비산이 리우를 쫄래쫄래 따라오며 속삭였다.

"연주를 마치고 박수를 받는데 사람들 틈에 사직나리가 서 계셨지 뭐야! 아까 같이 오신 나리가 피리 소리를 따라 가자고 했대. 그래서 내가 괴한에게 쫓겨 도망가다가 구슬을 잃어버렸는데 네가 찾으러 그 집에 들어갔다고 말씀드렸거든. 정말 하늘이 도왔나 봐!"

비산이 호수더러 '같이 오신 나리'라고 높여 말하니 기분이 영 이상했다. 옷차림만으로 호수는 양반이고 자신은 노비인 게 조금 억울하기도 했다.

'근데 호수는 어떻게 여기까지 왔을까? 사직나리와는 어떻게 알게 되었지? 호수도 검은 도포의 정체를 알까? 왜 날 모른 체했지?'

리우의 머릿속은 금세 복잡해졌다. 호수를 만나 직접 물어보기 전까진 답을 찾을 수 없을 것 같았다.

멍하니 호수를 따라가다 리우가 호수의 발뒤꿈치를 밟았다. 호수의 눈이 도끼 눈이 되었다.

"깜짝 놀랐네. 낯선 사람이 따라붙은 줄 알았잖아."

"미안. 딴생각하느라 몰랐어."

리우가 무심결에 말하다가 바로 입을 다물었다. 노비 신분으로 양반인 호수에게 반말을 하고 있었기 때문이었다. 리우는 앞서 걷는 사직나리의 눈치를 살폈다.

다행히 사직나리는 뒤따라온 비산을 불러 뭔가를 속삭이듯 말하고 있었다. 비산 역시 진지한 표정으로 고개를 끄덕이며 사직나리가 하는 말을 듣고 있었다.

"그런 뒤에 궁으로 돌아오너라."

"알겠습니다."

비산이 힘주어 대답하니 사직나리가 흡족한 듯 미소를 지었다. 이번엔 비산이 리우를 불렀다.

"가자, 우린 따로 들를 데가 있어."

"어디?"

리우가 호수와 비산을 번갈아 쳐다보았다. 비산은 일단 따라오라며 혼자 다른 길로 걷기 시작했다. 몇 발자국 먼저 걷다가 뒤돌아보더니 가만히 서 있는 리우를 보고 재촉했다.

"뭐 해, 안 오고?"

겨우 만난 호수와 헤어지고 싶지 않았지만 지금은 어쩔 수 없었다. 리우는 호수와 눈인사를 하고는 비산을 따라갔다. 비산은 계속 구석지고 좁은 길만 골라 걸었다. 사람이 없을 만한 곳만 가는 것 같았다. 점점 주변이 으슥해졌다. 리우는 괜히 불안해졌다.

"우리 어디로 가는 건데?"

"누나 집으로."

"너희 누나네? 갑자기?"

"거기에 있어."

리우는 비산을 따라 좁은 골목을 빠져나와 넓은 거리를 가로질렀다. 그제야 사람들이 다시 보이기 시작했다. 빛바랜 무명 저고리를 입고 다니는 사람들 사이로 색색의 비단옷을 두른 양반들은 멀리서도 눈에 띄었다. 리우는 양반 옆을 지날 때마다 괜히 기가 죽었다.

온갖 좌판이 깔린 가게 앞을 지나니 길 위는 다시 한산해졌다. 비산은 가던 길을 꺾어 가파른 산길을 올라갔다. 길 옆으로 초가집들이 드문드문 있었는데 하나같이 낡은 헛간처럼 보였다. 어떤 집은 마루가 없거나 문짝이 다 떨어져 나갔다.

제일 구석진 곳의 다 쓰러져 가는 초가집 앞에서 비산이 멈쳤다. 그 집은 웬만한 헛간보다도 더 허름했다. 바람이 불자 초가지붕에서 지푸라기들이 힘없이 떨어졌다. 태풍이라도 불면 지붕이 모두 날아갈 것 같았다. 마당 주변으로 잡풀이 무성하게 자라 있었다.

비산이 대뜸 당피리를 꺼내 불었다. 그러자 구멍이 숭숭 뚫린 방문이 벌컥 열리면서 비쩍 마른 여자가 갓난아이를 업은 채 나왔다.

"대낮에 무슨 일이야?"

"잠깐 뭘 가지러 왔어. 누나, 몸은 좀 어때?"

비산의 누나인 것 같았다. 비산의 누나는 말투가 어눌했고 비산은 누나의 귓가에 대고 쩌렁쩌렁한 목소리로 말했다. 그러고는 리우에게 귓속말로 말했다.

"우리 누나인데 귀가 잘 안 들려."

리우는 그제야 이해했다는 투로 고개를 끄덕였다.

"뼈마디가 쑤시긴 해도 나아지고 있어. 다른 임금님이었다면 노비라면서 아기 낳고도 못 쉬었을 텐데 이렇게 쉴 수 있어서 정말 다행이야. 근데 옆에 애는 누구야?"

"나랑 같이 일하는 친구야. 부엌에 쌀독 아직 있지?"

"그럼. 우리 비산이가 피리를 하도 잘 불어서 임금님께 하사받은 쌀인데 아껴 먹고 있지."

"밥은 많이 먹으라고 했잖아. 나중에 또 받아 올게. 나 부엌에 볼일이 있어서 잠깐 들어갔다 올게. 방에서 쉬고 있어, 누나."

"알겠어."

비산이 부엌으로 같이 가자며 리우를 이끌었다. 초가집 대문은 두 짝이 붙어 있었는데 비산은 그중에서 왼쪽 문을 열고 들어갔다. 문이라기엔 그냥 나무 울타리에 가까웠다.

부엌 안에는 오른편에 자그만 아궁이와 맞은편 구석에 항아리가 하나 놓여 있었다. 비산은 아궁이에 걸친 솥뚜껑을 열었다. 언제 음식을 만들었는지 모를 만큼 솥 안은 텅 비어 있었다. 비산은 항아리 뚜껑도 열었다. 흰 쌀이 반 좀 넘게 차 있었다.

비산이 옆에 있는 바가지 두 개를 꺼내 리우에게 건넸다.

"여기 있는 쌀을 저 아궁이로 옮기자."

"쌀을 뭣 하러?"

"이 쌀독 안에 사직나리께서 가져오라고 하신 게 있거든.

쌀은 한 톨이라도 떨어뜨리면 안 돼. 우리 집 쌀은 이게 전부란 말이야."

비산이 쌀을 한 바가지 푹 퍼서 솥 안에 조심히 담았다. 리우도 비산을 따라 쌀을 솥에 옮겨 담았다. 그렇게 몇 번 했을 뿐인데 팔이 아파왔다. 결국 리우가 솥에 쌀을 붓다가 옆으로 쌀을 조금 떨어뜨리고 말았다. 그러자 비산이 리우를 노려보았다. 리우가 미안한 얼굴로 바닥에 떨어진 쌀을 하나하나 주워 담았다.

머쓱해진 리우가 한참 말없이 쌀을 퍼 나르다가 비산에게 말을 걸었다.

"사직나리께서는 네게 힘든 심부름을 자주 시키시나 보네."

"사직나리께서 그러는데 나를 믿으신대. 그래서 일을 주셔."

"믿는다고?"

"응. 자기 같은 천민을 전하께서 믿어 주셨으니, 사직나리도 나에게 믿음을 주고 싶다고 하셨어. 그리고 내 피리 소리를 들으시고는 더 믿음이 간다고 하셨어."

"사직나리도 천민이었구나."

리우는 알 듯 말 듯했다. 문득 Z가 떠올랐다. 얼굴 한 번 본 적이 없지만 여태 Z는 항상 리우에게 임무를 주었다. 그것이 어쩌면 자신을 믿어서였는지도 모르겠다는 생각이 들었다.

'Z는 날 믿고 있었구나.'

쌀을 옮겨 담았을 뿐인데도 힘이 들었다. 점점 숨이 가빠지고 행동이 느려졌다. 그래도 좀처럼 비어질 것 같지 않던 쌀독이 조금씩 줄어들었다. 반은 훨씬 넘게 퍼 나른 상태에서 리우가 손을 항아리 한가운데에 쭉 뻗어 집어넣었다. 그러자 바가지 끝에 무언가 걸리는 느낌이 들었다.

"여기 뭐가 있는데?"

바가지를 다시 뺀 리우가 쌀을 헤치면서 항아리 안으로 고개를 들이밀었다. 하얀 쌀 틈에서 무언가 반짝였다.

"뭔데?"

비산이 답답했는지 리우 옆으로 비집고 들어가 항아리에 들어가다시피 상체를 안으로 쑥 기울였다. 비산이 이대로 빠질 것 같아 리우는 비산의 허리를 잡았다.

잠시 후 비산이 몸을 일으키려고 하자 리우는 비산을 빼 주었다. 그러다 비산의 허리춤에 있던 당피리가 땅에 떨어졌다. 리우가 땅에 떨어진 당피리를 주워 든 사이 비산은 손에 든 쇠구슬을 조심히 들여다보았다.

"구슬이 또 있었어?"

리우가 뒤늦게 비산이 들고 있는 쇠구슬을 발견하며 물었다.

"누군가 자꾸 구슬을 없애서 사직나리께서 내게 이걸 숨겨

놓으라고 하셨거든."

"그 구슬로 대체 뭘 하는데?"

"사직나리께서 이번에 어떤 기구를 제작하시는데 그 기구에 반드시 필요한 거랬어. 그게 잘 만들어지면 내게도 보상해 주신다고 했고. 매형이 멀리 떠나 버려서 우리 누나가 혼자 아이를 키워야 하는데, 그 보상을 받는다면 누나랑 조카랑 잘 살 수 있을 거야."

비산의 눈이 반짝였다. 그런 비산을 보고 있자니 리우는 노비 역할이라며 불평했던 게 부끄러워졌다.

"근데 있잖아, 그럼 사직나리가 하려는 일을 대체 누가 방해하려고 하는 걸까?"

리우가 비산에게 물었다.

바로 그 순간 부엌문이 활짝 열렸다. 그곳엔 비산의 누나가 어떤 남자에게 붙잡혀 있었고 갓난아이는 세상이 떠나가라 울어댔다.

검은 도포가 누나의 목에 칼을 들이댔다. 가느다란 붉은 사선 네 개가 그려진 칼날이 선명히 보였다.

구슬이 있어야 할 자리

검정 갓과 복면을 쓴 검은 도포는 한낮에도 어둠의 그림자처럼 으스스한 분위기를 풍겼다.

"그 구슬을 내놔라."

검은 도포의 칼끝이 누나의 목에 아슬아슬하게 닿았다 떨어졌다. 누나는 아기를 안은 채 검은 도포에게서 빠져 나가려고 발버둥치고 있었다. 품에 안긴 아기도 놀랐는지 서럽게 울었다.

검은 도포의 무자비한 짓을 보고 리우는 두렵다기보다 화가 치밀었다. 자신에게도 칼을 들고 쫓아왔고 비산에겐 표창을 던졌으며 지금은 누나와 갓난아이를 인질로 삼고 있었다.

"구슬이 왜 필요한데? 이 구슬의 주인은 따로 있어."

"그게 사라져야 계획을 이룰 수 있거든."

리우가 따지듯 물으니 검은 도포는 누나의 목에 칼을 가까이 가져가며 대답했다. 목에 차가운 금속이 닿자 누나가 눈을 질끈 감았다.

"알았어. 여기 구슬을 줄 테니까 누나는 놔 줘."

리우가 들고 있던 당피리를 뒷주머니에 꽂아 넣었다. 그러고는 비산을 바라보았다. 비산이 머뭇거리다가 리우에게 구슬을 건넸다. 구슬을 건네는 비산의 눈가가 촉촉해졌다. 그 모습을 보고 있던 검은 도포가 땅바닥을 가리켰다.

"너와 나의 중간에 구슬을 내려 놔라."

리우는 검은 도포가 가리킨 곳으로 가서 구슬을 조심히 내려놓고 두어 걸음 물러났다. 한동안 리우를 바라보던 검은 도포의 눈동자가 칠흑같이 어두웠다.

그때 검은 도포가 비산의 누나를 아궁이 쪽으로 밀치곤 재빠르게 몸을 숙여 구슬을 잡았다. 하지만 리우는 그 순간을 놓치지 않았다. 재빨리 주머니에 넣었던 당피리를 꺼내서 검은 도포의 귀에 바짝 댄 뒤 세차게 불었다.

"삐이이익!"

"아악!"

새된 피리 소리가 리우의 고막을 때렸다. 검은 도포는 다 잡은 구슬을 놓치고는 두 손을 자기 귀를 틀어막고 있었다.

"지금이야! 비산아, 누나 데리고 숨어 있어!"

리우는 떨어진 구슬을 주워 들고는 부엌 밖으로 뛰쳐나갔다. 집을 빠져나와 풀숲을 향해 내달렸다.

"이 쥐새끼 같은 놈!"

등 뒤에서 검은 도포가 윽박질렀지만, 그리 무섭게 들리지 않았다. 리우는 그저 여기서 최대한 멀리 벗어날 생각만 했다. 오직 발밑에 닿는 돌과 흙을 느끼며 미끄러지듯 뛰었다. 경회루에서 만나 자신을 따라 과거로 넘어온 저 수상한 자에게 구슬이 넘어가서는 안 된다는 생각이 강하게 들었다.

정신없이 도망가다 보니 때론 길이 아닌 곳을 지나오기도 했다. 리우의 몸엔 상처가 늘어만 갔다. 이미 옷소매에는 구멍이 났고 다리는 나뭇가지에 쓸려 피가 났다.

리우가 잠시 멈춰 서서 숨을 골랐다. 무성한 수풀 사이에서 물 흐르는 소리가 들렸다. 물이 흐르는 방향으로 따라가다 보

면 강이 나올 거고, 그곳엔 마을이 있을 것이다.

쫓기는 상황에선 혼자 외따로 있는 것보다 사람들 틈에 숨어 있는 편이 안전했다. 리우는 물소리를 쫓아 동쪽으로 방향을 바꿨다.

다시 한없이 달리다 보니 탁 트인 시야로 계곡이 보였다. 산 위에서부터 내려온 물줄기가 물방울을 튀기며 매섭게 흐르고 있었다. 그러나 계곡 물 흐르는 소리 사이로 거칠게 풀을 내리치는 소리가 들려왔다. 리우를 여기까지 쫓아올 사람은 한 사람밖에 없다.

맞은편 돌무더기 사이로 풀이 무성히 자라 꺾이면서 끝이 수면에 닿아 있었다. 리우는 끈으로 쇠구슬을 둘둘 묶어서 팔목에 고정시킨 다음, 계곡 물로 들어갔다. 차디찬 물이 리우의 뼛속을 건드리는 듯했다.

리우는 건너편으로 헤엄쳤다. 계곡 폭이 넓지 않아 다행이었다. 금방 반대편에 도착한 리우는 무성한 풀 사이로 몸을 숨겼다. 물에 떠내려가지 않도록 기다란 풀을 손으로 움켜쥐었다.

오래지 않아 검은 도포가 풀숲을 헤치고 나왔다. 리우는 눈만 내민 채 숨죽여 건너편을 주시했다. 계곡 물이 얼음장처럼 차가웠다.

검은 도포가 주변을 두리번거리다가 분풀이하듯 칼로 나무 기둥을 찍어 내리고 있었다. 멀쩡한 나무에 상처만 내더니 다

시 왔던 길을 되돌아갔다. 검은 도포가 완전히 사라진 걸 확인하고 나서야 리우는 긴장이 풀렸다

"휴, 큰일 날 뻔했네."

검은 도포의 눈에 띄었다면 리우의 목숨도 위험할 뻔했다. 리우는 물 밖으로 나오자마자 기진맥진한 몸부터 돌바닥에 뉘였다.

잠깐 파랗고 쨍한 하늘을 보니 기분이 좋아졌다. 따사로운 햇살이 리우의 볼을 어루만졌다. 청동거울도 멀쩡하고 구슬도 무사했다. 검은 도포까지 따돌렸다. 이제 구슬을 안전하게 궁에 전달하는 일만 남았다.

'그 전에 비산이를 만나야 하는데 어디 있을까?'

슬슬 일어나 마을이 보이는 곳까지 걸어가야 하는데 다리에 힘이 풀려 마음대로 움직일 수가 없었다. 마음은 조급한데 몸은 돌바닥에서 딱 붙어 버렸다. 그리고 자꾸 눈이 감겼다.

'지금 잠들면 안 되는데, 해야 할 일이……'

리우는 손에 쥔 구슬의 매끈한 감촉을 느끼며 어둠 속에 몸을 맡겼다.

리우는 낯선 방 안에서 눈을 떴다. 분명히 계곡 바위 위에서 잠이 들었는데 어찌된 일인지 처음 본 방이었다. 방 안에는 서랍장 하나 말곤 아무것도 없었다. 그곳에서 리우 혼자 이불을 덮고 누워 있었다. 어디인지도 모르는 곳에서 잠을 잔 것에 리우는 깜짝 놀랐지만, 한편으론 마냥 누워서 움직이고 싶지 않았다.

리우가 허리춤을 더듬어 청동거울을 꺼냈다. 청동거울의 모서리가 많이 긁혀 있었지만 거울은 멀쩡했다. 거울에 그림 세 개가 떠올랐다.

"다행이다. 고장 난 줄 알았네."

리우가 안도하며 칼 그림을 눌렀다. 그러자 청동거울 위로 글씨들이 떠올랐다.

> 태조 이성계에게는 아들이 여덟 명이나 있었어요. 이성계가 조선을 세우는 데 그중 다섯째 아들 이방원은 큰 공을 세웠어요. 당시 조선이 건립될 때 공헌한 신하들은 모두 그에 따른

보상을 받았어요. 하지만 이방원은 오히려 왕의 아들이라는 이유로 받지 못했죠. 이방원은 억울했어요. 설상가상으로 세자는 막냇동생인 이방석이 책봉되었어요.

이방원은 이대로 밀려나고 싶지 않았어요. 그는 병사를 모아 유능한 신하였던 정도전과 동생 방석과 방번을 없애 버렸어요. 이것이 '1차 왕자의 난'이에요. 그런 뒤 이방원은 둘째 형을 왕으로 세웠어요. 그가 2대 왕 정종이에요.

둘째 형이 왕이 된 뒤, 이방원의 야심은 점점 커졌어요. 그는 왕이 되려고 하는 넷째 형과 다툼을 벌였지요. 승리는 이방원의 차지였어요. 이것을 '2차 왕자의 난'이라고 불러요. 그렇게 이방원은 세자가 되었고 후에 조선 3대 왕 태종이 되었어요.

청동거울에 뜬 이야기를 읽고 나니 리우는 검은 도포가 생각났다. 왠지 검은 도포와 태종은 공통점이 있었다. 둘 다 자신의 목적을 이루기 위해서라면 다른 사람에게 피해를 끼쳐도 개의치 않았다.

리우는 검은 도포를 생각하다 그가 찾으려던 구슬을 떠올렸다. 그러고 보니 정신을 잃기 전까지만 해도 손에 구슬을 쥐고 있었는데 지금은 만져지지 않았다.

리우는 이불을 박차고 일어났다. 방 안을 뒤져 보았지만 구슬은 없었다. 마음이 조급해져서 방문을 벌컥 열었는데 누군가와 머리를 세게 부딪쳤다.

"아얏!"

리우가 아픈 머리를 문지르며 고개를 들었다. 호수가 이마를 문지르며 인상을 쓰고 있었다.

"자고 있을 줄 알았더니 언제 일어난 거야?"

"어? 호수야! 네가 어떻게 여기……."

"여긴 궁 안이야. 집현전 학사들이 머무는 방이지. 비산인가 그 악공 아이가 널 업고 궁 앞까지 왔어. 산에서 굴렀다면서? 자초지종은 개한테서 들었어. 야, 그동안 내가 너를 얼마나 찾았는지 알아?"

그 한마디를 시작으로 호수는 리우에게 그간 있었던 일을 요약해 설명하기 시작했다. 호수는 아빠가 중요한 서류를 챙겨와 달라는 부탁을 듣고 경회루 앞을 지나는 순간 조선시대로 넘어왔다고 했다. 그래서 집현전 부근을 혼자 돌아다니다 보니 옷 때문인지 학사 대우를 받았고, 그 김에 리우를 찾기 위해 양반 행세를 하며 지냈다고 했다.

 호수의 이야기를 듣던 리우가 그제야 궁금한 것이 좀 풀렸는지 안도의 미소를 보였다.

 "있잖아, 사실 여기에 네가 좋아할 소식이 있어. 우리가 드디어 그분을 만났다는 거 아냐!"

 "그분? 검은 도포? 너 무슨 꿍꿍이야?"

 리우가 한걸음 뒤로 물러나 경계 태세를 보였다. 그러자 호수가 웃어 보이며 손사래를 쳤다.

 "아니야, 왜 그래. 그분은 사직나리야. 검은 도포는 또 누구야? 비산이 얘기한 자객 말하는 거야?"

 "자객보다 더 무서운 놈이야. 나랑 같이 과거로 넘어왔어."

 리우는 그동안 있었던 일을 호수에게 말했다. 이야기를 듣는 동안 호수의 표정이 굳어졌다. 리우 역시 얘기하는 와중에 고개를 절레절레 저었다.

 아무리 생각해도 검은 도포는 포기할 것 같지 않았다. 구슬이 있는 곳이면 신출귀몰하게 나타나고 있다. 그럼 궁 안에도 쉽게 들어올 수 있을 것이다.

 "현재로 돌아가지 않는 이상 검은 도포의 정체는 알 수 없을 것 같은데? 너와 함께 과거로 넘어왔다면 처음부터 너에 대해 알고 있는 사람일 거야!"

호수가 심각한 얼굴로 자신의 생각을 말했다.

"맞아, 그래서 나도 Z의 메시지를 빨리 해결하고 싶어. 구슬을 끝까지 지키려 한 것도 그것 때문이었어. 참, 구슬 못 봤어? 분명 계곡에서 내가 챙겼는데……."

"너 Z의 메시지 기억 안 나? 시간을 흐르게 해야 한다는 말 있잖아. 따라와. 이걸 보면 너도 깜짝 놀랄 거야."

호수가 미묘하게 미소를 지으며 리우를 이끌고 나왔다.

비산의 집을 찾을 때만 해도 날이 밝았었는데 벌써 해가 저물고 있었다. 이따금 관리들이 거대한 건물과 건물 사이를 오갔고 무기를 든 무사들이 문마다 지키고 서 있었다. 건물 하나하나가 웅장하여 한양에서 봤던 기와집들과는 완전히 다른 분위기를 자아냈다.

호수는 큰 건물을 빙 돌아서 문에서 또 문을 넘고 또 다른 문을 넘어 걸었다.

"여기서 뵙기로 했어."

마침내 호수가 걸음을 멈춘 곳은 한눈에 들어오지 않을 만큼 큰 연못 앞이었다. 연못 가운데에는 화려하고 거대한 정자가 중심을 잡고 있었다. 경회루였다. 리우가 이제야 현실로 돌아온 게 아닐까 하는 착각에 빠질 정도로 경회루는 그대로였다.

"리우야!"

연못 맞은편에서 비산이 달려왔다. 옆에 처음 보는 남자가 비산 뒤를 느긋하게 따라왔다. 둥근 얼굴에 가슴이 떡 벌어져서 관복보다 갑옷이 더 잘 어울리는 사람이었다.

"괜찮아? 대감님과 같이 왔어."

"비산에게서 얘기 많이 들었다. 이번 일에 유독 반대파들이 많구나. 이게 발명되면 신분이 낮든, 높든 누구나 시간을 제대로 알 수 있지. 그러면 실력은 밑바닥이면서 고작 신분과 권력에만 사로잡혀 탁상공론이나 하는 사람들의 입도 쏙 들어갈 게다."

지나가던 관원들이 이천대감의 말을 듣고 쳐다보았지만, 이천대감은 아랑곳하지 않았다.

"지금 우리가 갈 곳은 다른 관리들도 잘 모르는 곳이다. 이 넓은 궁에서도 가장 외진 곳에 있지. 그런데도 왜들 그렇게

관심을 갖는지 모르겠구나. 아무튼 따라 오거라."

앞서 걷는 이천대감 뒤로 리우와 호수와 비산이 따라 걸었다. 리우는 이천대감 뒤를 바싹 쫓다가 왠지 눈치가 보여 호수 뒤로 물러났다. 노비가 양반보다 앞서 가면 안 되었기 때문이었다.

네 사람은 경회루 주변을 빙 둘러 사람들이 거의 다니지 않는 곳으로 향했다. 문 하나를 열면 또 다른 건물과 마당이 나왔고, 또 다른 문을 열면 궁으로 연결되었다. 머릿속에 그려지지 않을 정도로 궁 안은 리우가 생각한 것보다 훨씬 넓고 복잡했다.

어떤 문을 열고 들어가니 넓은 마당이 나왔고 거기엔 'ㄷ' 자 형태로 세워진 건물이 있었다. 그리고 마당 한가운데에 놓인 거대한 기구가 눈에 들어왔다. 지붕이 없는 정자 같았는데 거대한 나무 평상 위에 쇠 항아리 세 개가 크기별로 붙어 있었다. 그 옆의 나무 상자 위에는 인형들이 자그만 징, 북, 종 앞에 각각 세워져 있었다.

그때 호수가 두 개의 목조물 사이에 놓인 거대한 관 두 개를 가리켰다.

"구슬은 저기에 쓰일 거야. 항아리에 있는 물이 차례로 따라 내려가면 부력으로 구슬이 위로 뜨게 돼. 그러다 떨어져서 동판을 치게 되면 동판과 연결된 인형이 종을 치면서 시간을 알려 주는 거야."

"시간을 알려 준다고?"

"응, 이게 자동 물시계야! 사직나리가 직접 만드신 거라고! 구슬을 가져왔으니 이제 시간이 흐르는 일만 남은 거야."

"그럼 사직나리가……."

"그래! 그분이야!"

호수의 설명을 들은 리우의 머릿속이 잠시 복잡해지더니 이름 하나가 선명하게 떠올랐다.

'장영실.'

검은 도포의 정체

　리우는 세종대왕에 대해 알아보기 위해 인터넷 검색을 하다 연관검색어에 뜬 이름 하나를 기억해냈다. 그 사람은 우리나라 최초로 물시계를 만든 장영실이었다. 장영실은 관노비 출신으로 재능을 인정받아 벼슬까지 차지한 사람이었다.
　조선의 엄격한 신분제를 생각하면 일어날 수 없는 일이었지만 세종대왕은 신분보다 능력을 중시했다. 그리고 지금 리우의 눈앞에 서 있는 물시계가 장영실이 만든 자격루였다.
　사직나리가 장영실이었다니, 리우는 꿈에도 생각하지 못했다. 얼마 전 호수와 장영실을 주인공으로 한 영화를 본 적도 있었다. 영화에서도 관노비 출신인 장영실이 벼슬을 받는 것에 대해 사람들이 탐탁지 않아 한 장면이 나왔다. 사직나리의 계획을 방해하려는 사람들이 많다는 비산의 얘기도 이제야 이해되었다. 그리고 천민인 비산이 사직나리를 보며 희망을 가졌다는 점도.

하늘에 노을이 졌다. 짙은 구름 뒤로 태양이 남기고 간 붉은 빛이 밀려들었다. 태양은 아직 떠 있고 싶은데 시간에 의해 떠밀리듯 자취를 감추었다.

"자네는 이만 돌아가게. 내일 전하 앞에서 자격루를 시연할 예정이니 아침 일찍 나오면 볼 수 있을 거야. 고생 많았네. 어린 나이에 학사가 된 이유가 있었군. 그냥 부채인 줄 알았는데 값진 합죽선(얇게 깎은 겉대를 맞붙여 살을 만들어서 접었다 폈다 할 수 있는 부채)이라 허울만 좋은 권세가의 자식인 줄 알았지. 내가 크게 오해했네. 너희는 잠시 구슬을 지키고 있거라. 나는 볼일이 있는데 금방 올 것이야."

이천대감이 말했다. '자네'는 호수를, '너희'는 비산과 리우를 가리키는 말이었다.

호수는 괜히 부채 끝을 만지작거렸다. 이천대감은 뒷짐을 지고 세 사람을 지나쳐 빠져나갔다. 리우는 멍하니 자격루를 바라보았다.

어디선가 길게 뻗어 들어온 그림자가 자격루의 주변을 훑었다. 비산이 호수에게 말했다.

"나리는 이제 가 보셔도 됩니다. 구슬은 저희가 남아서 지키겠습니다."

"나도 같이 갈게. 아니, 가겠다."

호수가 황급히 대답했다. 양반 노릇을 하느라 애먹었다더니 아직 말투가 어색했다. 리우는 웃음이 나오려는 걸 간신히 참았다.

비산은 리우와 호수를 안쪽 건물로 안내했다. 건물 안에는 뭔가를 만들고 남은 목재들이 어지럽게 쌓여 있었다. 세 사람은 가장 구석진 곳에 있는 탁자로 갔다. 비산이 납작하고 널따란 나무 상자 뚜껑을 열었다. 그 안에는 구슬들이 가지런히 놓여 있었다.

"리우야, 고마워. 우리가 같이 해낸 거야. 네가 도와준 덕분이야. 휴, 나는 이제 내일부터 맘 편히 피리 연주만 하면 되겠어. 자격루가 작동되면 나는 꼭 정해진 시간에 피리를 불 거야."

"왜?"

"누나한테 일 끝나는 시간을 알려 주려고. 누나 몸이 약해서 일을 많이 하면 안 돼. 게다가 귀도 잘 안 들려서 관청에서 그만하라는 말도 못 듣고 늦게까지 일하는 날도 많대. 그런데 희한하게 내 피리 소리만큼은 잘 들린다잖아. 그래서 자격루가 가동되면 내가 직접 알려 주겠다고 누나랑 약속도 했어."

비산의 눈이 반짝였다. 리우는 비산이 집 앞에서 갑자기 당피리를 꺼내 불었던 일이 떠올랐다.

리우의 시선이 상자 안의 구슬로 옮겨 갔다. 내일이면 이 구슬들이 주기적으로 움직이면서 시간을 알려 줄 것이다. 하루 종일 비산을 만나 구슬을 찾으러 다니고 검은 도포에게 쫓겼던 순간이 머릿속에 스쳐 지나갔다.

리우가 구슬을 향해 손을 뻗는 순간 비산이 리우의 손을 막았다.

"왜? 만지면 안 돼?"

"응, 대감님이 누구도 만지지 말라고 하셨어. 미안."

미안하다고는 했지만 비산의 표정은 딱히 그렇게 보이지 않았다. 리우는 자신이 어렵게 찾아온 구슬을 만지지도 못하게 하는 게 조금 서운했지만 어쩔 수 없었다. 그만큼 이 구슬이 매우 중요하다는 걸 리우는 알고 있었다.

할 수 없이 가만히 구슬을 바라보는데 구슬들 중 하나만 미묘하게 탁한 빛깔을 내고 있었다.

"저거 좀 이상하지 않아?"

"뭐가?"

리우의 말에 비산과 호수가 구슬을 유심히 살펴보았다.

"뭐가 이상한지 난 모르겠어."

비산이 고개를 갸웃하며 말했다.

"흠, 살짝 다른 것 같기도 하고……."

호수가 자기 손에 턱을 괴면서 말했다. 그러자 비산이 고개를 저으며 말했다.

"그럴 리가 없잖아. 다 같은 구슬인데."

"아니야. 저거 하나가 확실히 달라 보여."

리우는 주머니에서 자석이 달린 끈을 꺼냈다. 백구 발에 밟히고 리우와 함께 계곡 물에 들어갔다 와서인지 끈은 너덜너덜해져 있었다.

리우가 끈에 매달린 자석을 구슬 가까이에 대려고 하자 비

산이 리우 앞을 가로막았다.

"뭐 하는 거야?"

"내가 시켰어, 아니 시킨 것이다."

이번엔 호수가 비산을 막았다. 비산은 더 이상 아무 말도 못하고 순순히 물러났다. 호수가 말을 덧붙였다.

"혹여나 구슬에 문제가 있을지 모르니 해 보는 것이다."

"하지만 대감님께서……."

"그건 걱정하지 않아도 된다."

호수의 국어책 읽는 듯한 발연기에 리우는 터져 나오는 웃음을 참느라 애를 써야 했다. 그런 줄도 모르고 호수는 리우를 보고 한쪽 눈을 찡긋했다.

금방이라도 웃음이 나올 것 같아 리우는 얼른 눈을 구슬 쪽으로 돌렸다. 그리고 가장 가까이에 있는 구슬에 청진기로 진찰하듯 자석을 갖다 댔다.

"아, 아니 그래도."

"쇠구슬이 맞는 것인지 확인하고 있다."

비산이 눈을 동그랗게 뜨고 어쩔 줄 몰라 하자 호수가 차분하게 말했다.

예상대로 자석은 빨려 들어가듯 구슬에 착 붙었다. 다음 구슬도 마찬가지였다. 이제 마지막 하나가 남았다. 미묘하게 빛깔이 달라 보이던 그 구슬이었다. 리우가 천천히 자석을 구슬에 가져다 댔다.

자석이 붙지 않았다. 몇 번을 붙여도 그대로였다.

"어? 이건 쇠구슬이 아닌데?"

리우가 비산을 바라보자, 비산의 목소리가 자기도 모르게 커졌다.

"그럴 리 없어! 쇠구슬이 아니라니, 그럼 이 구슬은 뭐야?"

그건 리우가 묻고 싶은 말이다.

리우가 아등바등 기를 쓰며 구슬을 찾아왔건만, 쇠구슬 흉내를 내는 이 구슬은 대체 무엇인지 아무도 몰랐다. 어딘가 석연치 않았다.

리우는 혼자 건물 바깥을 나가 주변을 기웃거렸다. 어떤 남자가 자격루 주변을 맴돌다가 리우와 눈이 마주쳤다. 리우가 물었다.

"저, 혹시 이천대감님께서 어디로 가셨는지 보셨나요?"

"알다마다. 혹시 네가 리우 아니냐?"

"네? 저예요. 근데 그걸 어떻게……."

"잘됐구나. 널 얼마나 찾았는지 모른다. 이천대감님께서 부르시니 나를 따라와라."

남자는 대뜸 리우의 어깨에 자신의 팔을 둘렀다. 리우의 어깨에 닿은 팔이 점점 무거워지는 게 기분이 좋지 않았다. 리우가 팔을 밀어내려고 고개를 숙이자 남자는 리우의 어깨를 두 손으로 꽉 붙잡았다.

"어허, 버르장머리 없게 뭐 하는 짓이냐?"

검은 도포의 정체 119

"아저씨야말로 이게 뭐예요! 얘들아! 나 좀 도와줘!"

위기를 직감한 리우가 큰소리로 외쳤다. 그러자 호수가 바로 뛰쳐나왔다.

"당장 그 손을 풀어라!"

호수의 외침을 들은 남자가 한쪽 입꼬리를 올리며 음흉한 미소를 지었다. 주머니에서 단도를 꺼내 붙잡고 있는 리우의 목에 겨누었다. 칼날에는 네 개의 붉은 사선이 그어져 있었다. 리우의 심장이 세차게 뛰었다.

"이. 이건?"

남자가 대뜸 고개를 뒤로 돌더니 외쳤다.

"찾았습니다!"

그러자 건물 기둥 뒤에서 검은 그림자 하나가 소리도 없이 나타났다. 검은 도포였다.

검은 도포는 호수를 등 뒤에서 제압했다. 호수 머리에 검은색 천주머니를 씌운 다음, 리우가 발버둥 칠 틈도 주지 않고 성큼성큼 다가왔다. 그러고는 리우의 머리에도 천주머니를 덮어 씌웠다.

리우의 눈앞이 순식간에 깜깜해졌다. 앞이 보이지 않아 양팔을 공중에 휘젓는데 누군가 리우의 팔을 붙잡으며 속삭였다.

"잔말 말고 따라와. 그렇지 않으면 전부 다친다."

낯설지 않은 목소리였다. 하지만 누구 목소리인지 떠올릴 겨를이 없었다. 리우는 잠자코 걸음을 옮겨야 했다. 도중에 몇 번이고 넘어질 뻔했다.

앞이 보이지 않기도 했지만 다리에 힘이 풀렸다. 리우가 엉거주춤할 때마다 검은 도포가 낮은 목소리로 협박하듯 몰아세웠다.

그럴수록 리우는 대꾸하지 않으려 노력했다. 정말 무서웠지만 자신이 두려움에 떨고 있다는 사실을 들키고 싶지 않았다.

끼이익, 하는 소리가 들렸다. 두꺼운 문이 열렸다 닫히는 소리 같았다. 곧이어 누군가 리우를 강제로 땅바닥에 주저앉힌 다음 뒤로 거칠게 밀었다. 등 뒤로 평평하지 않은 벽이 느껴졌다. 누군가 밧줄로 리우를 꽁꽁 묶었다. 그러고는 마침내 천주머니를 벗겼다.

리우의 눈앞에는 검은 도포의 복면이 가까이 다가와 있었다.

"쥐새끼처럼 잘도 빠져나가더니 드디어 만났군."

"대체 왜 이러는 거예요?"

호수가 발버둥을 치며 소리쳤다.

"시끄럽다."

검은 도포가 리우를 유인하고 호수를 옮겨온 남자에게 엽전다발을 던져 주었다.

"이제 나가 보아라."

"아이고, 고맙습니다요."

남자가 굽실대며 엽전다발을 줍고는 밖으로 나갔다.

잠시 후 검은 도포가 복면을 벗었다. 이마에 그려진 붉은 흉터가 가장 먼저 리우의 눈에 들어왔다. 너무나도 익숙하고 더 이상 만나고 싶지 않은 얼굴이었다.

"붉, 붉은 거미?"

놀란 리우의 목소리가 살짝 떨렸다.

"이렇게 또 만나게 됐군."

"매번 이렇게 우릴 따라다니면서 역사를 망가뜨리는 이유가 뭐야?"

"망가뜨리다니 건방진 소리 집어치워! 제대로 된 시간 속에서는 혼란을 만들 수가 없는 법이지. 나는 혼란 속에서 새 역사를 다시 쓸 것이다. 역사를 망치는 게 아니라, 더 위대하게 만드는 거지. 그러기 위해선 누군가의 희생이 필요해. 내가 조선까지 널 따라온 이유이기도 하다. 이제 뿌리를 뽑을 때가 되었어. 내가 이따 다시 올 때까지 여기 잠자코 있는 게 좋을 거다."

붉은 거미는 비열한 웃음을 띠며 알 수 없는 말을 하고는 나가 버렸다. 이윽고 두꺼운 문이 날카로운 소리를 내며 굳게 닫혔다.

창문으로 달빛이 가늘게 비쳐들었다. 캄캄한 공간 안에서 리우와 호수는 침묵에 잠겼다. 리우는 검은 도포의 정체를 알고 나서 머리를 한 대 얻어맞은 기분이었다.

리우는 충격에 빠져 있다가 호수도 함께 있다는 걸 뒤늦게 떠올렸다.

"호수야, 넌 어디 묶여 있어?"

"네 등 뒤로 벽을 마주 보고 있어. 꼼짝도 할 수 없네."

"아, 그렇구나. 비산이는 어디 있지?"

"몰라. 난 네가 소리치는 걸 듣고 바로 뛰쳐나왔는걸."

리우는 그 와중에 마음이 놓였다. 비산까지 잡혔다면 내일 자격루를 가동하는 건 물거품이 됐을지도 모른다. 분명 비산은 구슬을 지켜야 한다는 생각에 혼자 끝까지 남아 있었을 것이다.

일단 리우가 움직일 수 있는 건 손부터 팔꿈치까지였다. 팔 위쪽은 밧줄로 꽁꽁 묶여 있었다. 손으로 어떻게든 밧줄을 풀어보려 애썼지만 허사였다. 손톱에 밧줄이 걸려 아팠다. 등 뒤에서 호수의 푸념이 들려왔다.

"어떻게 해도 몸이 움직여지지 않아. 어떡하지? 이럴 땐 부채도 아무 소용이 없네."

"합죽선인가 하는 그 부채?"

"응, 몰랐는데 이 부채가 엄청 귀한 거더라고. 이걸 갖고 있으니까 사람들이 나한테 잘해 주더라. 솔직히 이렇게 양반 행세하고 다니니까 편하긴 했어."

"좋겠다. 나는 노비 옷을 입어서인지 어디서든 무시만 당했는데……."

리우는 오랜만에 호수와 터놓고 얘기를 나눌 수 있어서 답답한 마음이 조금 풀리는 것 같았다. 한편으론 이렇게 속절없이 시간을 흘려 보내는 게 답답했다. 그동안 역사 속 중요한 사건을 뒤죽박죽 망치기 위해 수단과 방법을 가리지 않았던 붉은 거미의 입으로 새 역사를 세우겠다는 말을 들으니, 리우의 머릿속이 아찔해졌다.

'붉은 거미가 구슬을 가로채려고 하는 이유는 자격루가 가동되는 걸 방해하기 위해서야. 구슬이 있어야 자격루가 제대로 작동된다는 사실을 알고 있으니까. 그렇다면 아까 희생자가 필요하다고 한 말은 무슨 뜻이지?'

리우의 예상대로라면 붉은 거미는 곧 누군가를 해칠 게 분명했다. 최악의 상황이 벌어지기 전에 한시라도 빨리 이곳에서 빠져나가야 했다.

리우가 손바닥에 새어나오는 땀을 공연히 애꿎은 바지에 문질러 닦았다. 그러다 왼쪽 팔꿈치에 청동거울의 모서리가 닿았다.

'어쩌면 청동거울에서 해답을 찾을 수 있지 않을까?'

리우는 왼쪽 허리춤에 끼워둔 청동거울을 잡기 위해 오른손을 뻗었지만 워낙 몸이 단단히 묶여 있어 손을 더 뻗을 수 없었다. 숨을 크게 들이마시고는 다시 한 번 오른손을 힘껏 뻗었다. 밧줄에 닿은 피부가 쓰라렸지만 꾹 참았다. 겨우 손가락 끝으로 저고리 아래에 감추어진 청동거울의 모서리를 만질 수 있었다.

리우는 손가락으로 청동거울을 계속 건드렸다. 청동거울이 살살 위쪽으로 빠져나왔다. 그렇게 한참을 반복해서 마침내 청동거울을 꺼냈다.

"됐어!"

리우는 숨 고를 겨를 없이 두 동강 난 왕관 그림을 눌렀다. 그림이 사라지고 그 자리에 글씨가 떠올랐다.

> 3대 왕 태종에겐 아들이 셋이나 있었어요. 양녕대군과 효령대군, 그리고 충녕대군이었어요. 맏이인 양녕대군은 놀기를 좋아했고 효령대군은 불교에 심취했어요. 막내인 충녕대군은 공

부를 즐겨 하고 책을 손에서 놓지 않았어요. 책을 너무 많이 읽어서 건강이 나빠진 바람에 태종이 충녕대군의 독서를 막을 정도였죠.

태종은 관례에 따라 첫째인 양녕대군에게 왕위를 물려 줄 계획이었어요. 양녕대군은 1404년에 세자로 책봉되었지요. 그런데 양녕대군은 왕이 되기 위한 공부는 게을리 하고 놀기 바빴어요. 툭하면 사냥을 나가고 기생들과 어울렸어요. 그러다 임금 몰래 궁 밖으로 나가 술을 마시고 오는 등 사고도 쳤어요.

신하들은 양녕대군이 왕이 되는 것을 다시 한 번 숙고해 달라고 태종에게 간청했어요. 결국 태종은 고심 끝에 양녕대군을 세자 자리에서 폐위시켰어요. 그리고 성실하고 똑똑한 충녕대군에게 세자 자리를 물려 주었지요. 그렇게 충녕대군이 조선 시대 4대 왕 세종대왕이 되었어요. 세종대왕은 왕이 된 뒤에도 형인 양녕대군과 좋은 관계를 유지하며 지냈어요.

곧 글씨가 사라졌다. 그리고 거울 위에 바둑판처럼 생긴 그림이 새로 떠올랐다. 칸마다 한자가 띄엄띄엄 적혀 있었다. 리우는 한자를 자세히 들여다보려고 눈을 가늘게 떴다.

그때 호수가 말을 걸었다.

"참, 내가 가지고 있는 부채 있잖아, 그게 좀 이상해."

"왜?"

"저번에 널 만나기 전에 부챗살에서 살짝 빛이 나더라. 자세히 보려고 부채를 폈는데 갑자기……."

끼이이익, 육중한 문이 열리면서 호수가 하던 말을 멈추었다. 깜짝 놀란 리우가 손에 든 청동거울을 떨어뜨렸다. 열린 문틈으로 비산이 안으로 내동댕이쳐졌다.

"아악!"

비명을 지르며 넘어진 비산이 몸을 일으켰지만 문은 이미 굳게 닫힌 뒤였다. 비산이 놀란 목소리로 문을 쾅쾅 두드리며 소리쳤다.

"거기 사람 없어요? 살려 주세요! 구슬 하나가 잘못되었어요. 사직나리께 말씀드려야 해요!"

"비산아! 나야."

아무도 없는 줄 알았던 비산이 리우의 목소리를 듣고는 그제야 주변을 돌아보았다. 그러고는 리우에게 한걸음에 달려왔다.

"리우야! 언제부터 여기 있었어? 너희 찾으러 나갔다가 붙잡히고 말았어. 네 말대로 그건 쇠구슬이 아니라, 쇠구슬처럼 색깔을 칠한 도자기였어. 게다가 밑에 아주 조그맣게 뚫린 구멍 안에 이상한 쇳가루 같은 게 들어 있더라고. 우리 이제 어떡하지?"

"어떡하긴, 빨리 나가서 대감님께 말씀드려야지. 일단 우리 밧줄부터 풀어 줄래?"

비산은 그제야 리우와 호수를 묶고 있는 밧줄을 발견하고는 풀기 위해 애썼다. 손톱 끝부분이 밧줄에 걸려 떨어져 나갔다. 몇 번이고 시도했지만 밧줄은 그대로였다. 비산이 고개를 저었다.

"어떻게 해도 밧줄이 안 풀리네."

비산은 잠시 숨을 고르다가 리우 곁에 떨어진 청동거울을 발견하고 주워 들었다. 청동거울을 말없이 유심히 들여다보던 비산이 의아한 눈빛으로 물었다.

"리우야, 대체 이게 뭐야?"

"아, 그게······."

청동거울도 조선시대에는 합죽선처럼 값나가는 물건이라

노비 차림의 리우가 갖고 다닐 수 없었다. 리우는 뭐라고 답해야 할지 머뭇거렸다.

그런데 비산의 입에서 뜻밖의 말이 나왔다.

"이건 악보잖아. 네가 이걸 어떻게 갖고 있어?"

악보의 비밀

"악보라고?"

리우가 알고 있는 악보는 줄 다섯 개에 음표가 붙어 있는 그림이었다. 바둑판 그림이 악보라고는 꿈에도 생각하지 못했다.

비산이 청동거울을 다시 빤히 들여다보았다.

"나도 이 악보는 처음 봐. 무슨 곡이야?"

"그러게, 그건 나도······."

청동거울이 여기서 빠져나갈 실마리를 알려 줄 줄 알았는데 난데없이 악보를 보여 주다니, 리우는 맥이 풀렸다.

심지어 리우는 악보를 읽을 줄도 몰랐다. 그나마 비산이 악보를 읽을 수 있었지만 지금은 연주가 필요한 상황도 아니었다.

리우는 자포자기한 마음으로 비산을 바라보며 물었다.

"혹시 이거 연주할 수 있어?"

"그럼."

비산은 달빛이 비추는 곳에 청동거울을 내려놓고는 한동안 악보를 들여다보았다. 그런 다음 허리춤에 끼워 둔 당피리를 빼들어 입에 가져다 댔다.

곧 구슬픈 피리 소리가 리우의 마음을 감싸고는 창문을 넘어 흘러나갔다. 어수선한 마음이 차분히 가라앉는 것 같았다. 신비로운 분위기를 자아내는 선율에 리우는 넋을 놓고 비산을 바라보았다.

그런데 연주가 이어질수록 청동거울에서 빛이 났다. 비산은 이제 청동거울의 악보를 보지도 않고 눈을 감은 채 피리를 불고 있었다. 연주가 무르익을수록 청동거울의 빛은 강해졌다. 나중엔 눈이 부셔서 제대로 바라볼 수조차 없었.

리우는 참지 못하고 고개를 돌린 채 눈을 감았다. 그러자 아름다운 선율을 따라 빛 속으로 빠져 들어가는 느낌이 들었다. 어디서 들어왔는지 낯선 바람이 리우의 콧등을 스쳤다.

바로 그 순간, 정신을 사로잡던 빛과 음악은 한순간에 사그라졌다. 리우가 눈을 떴다. 어떻게 된 일인지 문이 열려 있었다. 그리고 이천대감이 숨을 헐떡이며 안으로 들어왔다.

"대체 무슨 일이 있었던 것이냐?"

"대감님!"

비산이 피리를 내려놓고 이천대감에게 달려갔다. 이천대감은 꽁꽁 묶여 있는 리우와 호수를 발견하고는 병사를 불러 얼른 밧줄부터 풀라고 지시했다. 병사가 밧줄을 끊어내는 동안 비산이 이천대감에게 그간 있었던 일을 자세히 설명했다.

구슬 하나가 잘못되었다는 말과, 검은 도포를 두른 자가 리우와 호수를 가둔 뒤 무슨 꿍꿍이인지 어딘가로 나갔다는 얘기를 듣자 이천대감의 표정이 굳어졌다.

"누군가 구슬을 바꿔쳤다는 사실은 나도 알고 있다. 그렇지 않아도 확인하고 오는 길이다. 그 도자기 구슬 안에 화약이 들었더구나."

"화약이요?"

비산이 깜짝 놀란 목소리로 물었다.

"그래. 내일 전하 앞에서 자격루를 가동했더라면 모두가 위험할 뻔했다. 안 그래도 너도 안 보이고 구슬 하나가 미묘하게 달라서 주변을 수색해 보라 시켰는데, 이쪽에서 수상한 자가 엽전다발을 들고 나왔다고 하더구나. 그래서 그를 붙잡아 심문했더니 여기에 사람이 갇혀 있다기에 달려온 것이다."

붉은 거미에게서 돈을 받고 리우를 팔아넘긴 자가 붙잡혔다는 소식에 리우는 속이 후련했다. 하지만 검은 도포를 입은 사람이 붙잡혔단 얘긴 없었다. 붉은 거미가 어디론가 사라졌단 뜻이었다.

드디어 리우와 호수를 동여맸던 밧줄이 모두 풀렸다. 리우가 양팔을 주무르면서 몸을 일으켰다. 마치 돌덩이에 눌려 있다가 빠져나온 것처럼 양팔과 가슴께가 저릿했다.

"리우야, 시간 없어."

비산의 말에 둘은 약속이라도 한 듯 곧장 바깥으로 나왔다. 호수가 밖에 있던 이천대감에게 물었다.

"구슬이 하나 없는데 어떡하지요? 당장 내일 전하께 보여

드려야 하는데…….”

"구슬을 훔쳐간 자를 어떻게든 찾아야겠지. 자격루가 작동되지 않으면 그간 우릴 시기하던 대신들이 장 사직을 능력 없는 자라며 내쫓으려 할 걸세. 그들은 장 사직이 관노비였다는 이유만으로 못마땅해 하더군. 참으로 못나고 어리석은 자들이지만 그들의 입김이 강하니 무시할 수도 없네."

이천대감이 땅을 내려다보며 깊은 한숨을 쉬었다.

"저 혹시 지금이라도 구슬을 다시 만들면 안 되려나요?"

호수가 이천대감에게 넌지시 물었다.

"무게와 크기를 정확히 맞춰서 구슬 모양으로 가공하는 데는 며칠이나 걸린다."

이천대감이 고개를 가로저으며 말했다.

노을로 아름다웠던 하늘은 이미 어둠에 물들어 있었다. 장영실이 이대로 쫓겨난다면 그가 남긴 위대한 업적들도 같이 사라지는 셈이었다.

비산이 고대한 것처럼 백성들이 정확한 시간을 알 수 있는 기회도 훨씬 늦춰질 것이고, 신분을 넘어선 이들의 꿈도 함께 사라질 것이다. 이렇게 넋 놓고 하늘만 보고 있을 수만은 없

악보의 비밀

었다.

리우가 입을 열었다.

"검은 도포를 찾아야 해요. 그가 구슬을 숨겼어요. 저희도 같이 찾을게요. 제가 그 자를 잘 알아요."

"찾을 수 있겠느냐? 이미 겪어 봐서 알겠지만 너희가 위험해질 수도 있다."

"할 수 있어요. 그리고 부탁이 있습니다."

리우가 결연한 태도로 말했다. 이천대감은 적막한 하늘을 휘 둘러보았다. 리우의 눈에 이천대감은 신분으로 사람의 능력과 재능을 섣불리 판단하지 않는 사람처럼 보였다. 노비 옷을 입은 자신을 믿어 줄 몇 안 되는 사람이었다.

잠시 생각에 잠겼던 이천대감이 마침내 입을 열었다.

"알겠다. 부탁이 무엇이냐?"

리우는 붉은 거미를 마주했을 때 느낀 두려움을 애써 가라앉혔다. 어차피 한 번 더 마주쳐야 한다면 두려움보다 용기를 선택해야 했다. 여태 그래왔듯이.

까만 하늘에 별이 촘촘히 박혀 보석처럼 반짝였다. 별이 이렇게 잘 보이는 건 그만큼 어둡단 뜻이었다. 성문 옆에 켜진 횃불 근처 말고는 사방이 깜깜했다. 아직 불이 꺼지지 않은 집들이 드문드문 보였다.

성문 앞에서 이천대감이 잠시 일행을 대기시켰다. 그러고는 어딘가 다녀와서 초롱 두 개를 가져왔다. 하나는 리우에게, 하나는 비산에게 건넸다. 리우가 받아든 촛불 하나가 초롱 속에서 붉은 빛을 강하게 냈다.

"성문이 닫히기 전엔 돌아와야 한다. 밤에 위험한 자와 마주치면 좋을 게 없어. 문을 지키는 병사에게는 너희의 인상착의를 말해 두었다. 돌아왔을 때 내쫓기는 일은 없을 것이야."

"감사합니다."

리우는 이천대감에게 공손히 머리를 숙여 인사했다.

"다녀오겠습니다, 대감님."

비산은 마지막 인사를 올리는 것처럼 애처로운 말투로 인사했다.

성문 밖으로 나오자마자 세 사람은 동쪽으로 바삐 걸었다. 리우는 멀리서 움직이는 불빛이 없는지 부지런히 살폈다. 붉은 거미가 이렇게 어두운 밤에 불을 피우며 돌아다닐 리는 없지만 혹시나 하는 마음에 자꾸만 고개가 돌아갔다.

그러는 동안 호수가 비산에게 질문했다.

"한 번만 보고 어찌 그렇게 잘 연주하는 거야? 실력 정말 좋네."

"과찬이십니다. 이 악보는 처음 보았는데도 낯설지가 않았어요. 손가락이 저절로 움직였거든요. 눈 감고 연주해도 피리 소리가 날 이끄는 기분이 들었습니다."

"눈을 감았다니, 그럼 악보를 한 번 보고 바로 외운 거야?"

"악보를 외우는 건 쉽지 않습니다만 청동거울의 악보는 좀 다르더라고요. 참으로 이상했습니다."

비산이 의아한 듯 고개를 갸웃하며 대답했다.

리우가 듣기에도 비산의 연주는 평범하지 않았다. 유독 비산의 피리 연주는 머릿속의 다른 고민들을 잊게 만들었다. 마치 시간이 멈춘 가운데 비산이 만들어낸 선율만 세상을 흐르는 느낌이 들었다.

익숙한 물비린내가 리우의 콧속을 맴돌았다. 리우는 들고 있던 초롱을 멀리 뻗어 보았다. 리우가 빠졌던 연못과 정자의 윤곽이 드러났다. 낮에 연못 옆의 나무를 비산이 타고 올라갔던 일이 떠올랐다.

그때 리우는 높은 곳에 올라가면 구슬이 반짝일 거라고 했던 비산의 발상이 말도 안 된다고 여겼지만, 이번엔 달랐다.

리우는 나무 앞에 멈춰 서서 비산을 불렀다.

"비산아, 나무 위로 올라갈 수 있어? 위에 올라가서 주변에 움직이는 불빛이 있는지 봐 줘. 불빛이 아니라 사람 그림자라도 보이면 말해 줄래?"

"알겠어."

비산이 들고 있던 초롱을 호수가 대신 들었다. 호수와 리우가 나무 위를 향해 초롱을 높이 들었다. 비산은 불빛에 의지해 나무를 타고 올랐다. 낮과 달리 어두워서인지 올라가는 속도가 느렸다.

비산이 나무 타는 모습을 올려다보던 호수가 리우에게 속삭였다.

"아까 말이야. 청동거울에서 빛이 났지?"

"너도 봤어?"

"응. 피리 소리가 들리니까 부챗살에서도 빛이 났거든. 그리고 부채를 살짝 움직였는데 엄청 큰 바람이 일었어."

리우는 아까 청동거울이 빛날 때 갑자기 불어 닥친 바람을 기억해냈다. 사방이 막힌 곳에서 웬 바람이 부나 싶었는데 호수의 부채에서 나온 바람이었다.

청동거울처럼 부채도 예사 물건이 아니었다. 청동거울에 떠오른 악보를 보고 비산이 연주하니 거울에서 빛이 나고 부채에선 바람이 일었다.

호수가 이어 말했다.

"이거 혹시 청동거울에 뜬 악보로 연주하면 시간의 문이 열린다는 뜻 아닐까? Z의 메시지에서 선율이 흘러야 시간의 문이 열린다고 했잖아."

"그러게. 그럼 비산이 연주할 때 우리가 현재로 넘어갈 수도 있다는 소리네?"

리우의 말에 호수가 고개를 끄덕였다. 리우는 Z의 수수께끼에 한 걸음 가까이 다가선 기분이 들었다.

그래도 아직 숙제는 남았다. 메시지에는 세 번째 선율이 끝날 때 시간의 문이 열린다고 나와 있었다. 그렇다는 얘기는 청동거울에 떠오른 악보를 비산이 세 번 연주해야 현재로 돌아가는 문이 열린다는 소리였다. 리우와 호수는 그전에 붉은 거미를 찾아야 한다. 그만큼 시간이 없다는 말이기도 했다.

'그럼 아래로만 흐르는 것은 뭐지? 그걸 타야 현재로 돌아올 수 있다는 말인데.'

잠깐 명쾌해졌던 리우의 머릿속이 다시 꼬여 갔다.

그때 비산이 굵은 나뭇가지를 붙잡고 내려왔다.

"보이는 게 있어?"

리우가 기대에 찬 목소리로 물었다.

"잘 모르겠어. 이 정도로 어두운 밤이면 집 아니면 주막에나 불이 좀 켜져 있거든. 가끔 돌아다니는 사람도 있었는데 분명 검은 도포는 아니었어."

"할 수 없지. 고생했어."

리우는 붉은 거미가 모습을 감춘 게 도리어 불안했다. 어디서 무슨 꿍꿍이를 벌일지 알 수 없기 때문이었다.

누군가 멀리서 초롱을 들고 이쪽으로 다가왔다. 붉은 거미일지 행인일지 확인하기 위해서는 좀 더 가까이서 보아야 했다.

리우가 비산에게 물었다.

"비산아, 당피리 한 번만 불어 줄 수 있어?"

"왜? 그렇게 소리를 내면 검은 도포한테 들킬 텐데."

"아니, 우린 지금 그 자를 다시 만나야 해. 그리고 다시 만나자고 했으니 분명 나타날 거야."

붉은 거미는 리우가 어디에 있든 귀신같이 찾아내어 쫓아왔다. 그렇다면 반대로 붉은 거미를 유인해 찾는 게 낫다고 생각했다. 경회루 연못이 현재와 과거를 이어준다면 붉은 거미의 최종 목적지 역시 바로 이곳일 것이다.

'붉은 거미도 비산의 세 번째 연주가 끝나지 않는 이상 현재로 돌아갈 수 없어. 그렇다면 나를 따라 가야 하니까 비산의 피리 소리를 듣고 여기로 올 거야. 그래서 나랑 다시 만나자고 한 거구나.'

리우가 결심한 듯 청동거울을 꺼냈다. 청동거울을 손에 꼭 쥐자 거울에 악보가 나타났다. 비산은 리우가 내민 청동거울을 들여다보고는 당피리를 꺼내 연주를 시작했다.

곧 매끄럽고 유연한 피리 소리가 멀리 퍼지기 시작했다. 비산이 눈을 감자, 청동거울에서 빛이 뿜어져 나왔다. 아련한 피리 소리에 온 세상이 포근한 잠에 빠진 것 같았다.

연주가 이어지는 동안 리우는 주변을 두리번거렸다. 이렇다 할 움직임은 보이지 않았다. 리우는 비산이 타고 올랐던 나무 앞에 초롱을 내려놓고 호수를 불렀다.

"호수야, 이쪽으로 초롱 좀 밝혀 줘."

하지만 호수는 초롱을 들고 그대로 서서 비산만 바라본 채 묵묵부답이었다. 리우가 답답한 마음에 호수에게 다가갔다.

"나무 위로 올라가서 보게 초롱 좀 밝혀 달라니까?"

리우가 호수를 툭 건드리며 따지듯 말했다. 그래도 호수는 밀랍인형처럼 눈도 깜빡이지 않고 가만히 서 있을 뿐이었다. 호수 허리께에 꽂힌 부채가 청동거울처럼 빛났다.

뭔가 이상했다. 지나는 사람들도, 초롱의 불빛도 그대로 멈춰서 움직이지 않았다. 지금 움직이는 건 오직 리우와 비산뿐이었다.

'이상해. 아까 호수가 부채를 부쳤을 때 바람이 일었다고 했는데 왜 지금은 멈춰 있지?'

리우는 호수가 쥐고 있던 초롱을 빼서 내려놓고 부채를 호수의 손에 쥐어 주었다. 그러자 호수가 멈췄던 숨을 크게 내뱉으며 말했다.

"이야, 비산이 연주는 정말 기가 막히네. 시간이 어떻게 흐르는지 모를 정도야."

하지만 지나는 사람들은 그대로 멈춰 있었다. 리우는 그제야 꼬인 실마리를 푼 기분이 들었다.

"이거야! 청동거울이 왜 빛나는지 알겠어. 네 부채도!"

"그게 뭔데?"

"비산이 연주하니까 모든 게 멈췄어. 저 사람을 봐."

호수가 그게 무슨 말이냐고 중얼거리면서 멈춰 있는 사람에게 다가갔다. 그러고는 입을 떡 벌린 채 마치 중대한 비밀을 알게 된 사람처럼 리우의 귓가에 속삭였다.

"시간이 멈췄어! 이걸 손에 쥔 너랑 나, 그리고 비산이만 빼고."

바로 그 순간 비산의 연주가 멈추었다. 그러자 그 자리에 멈춰 섰던 사람들이 아무 일도 없었다는 듯 가던 길을 갔다.

"표정이 왜 그래? 연주 별로였어?"

비산이 의아한 얼굴로 리우와 호수에게 물었다.

"아, 아니. 최고였어!"

리우는 비산에게 대강 둘러대면서 속으로 하나둘 풀린 비밀을 짜 맞춰 보았다.

'내가 놓치고 있는 게 뭘까.'

리우는 마지막으로 붉은 거미와 나눴던 대화를 떠올렸다. 붉은 거미는 자신의 계획을 성공시키기 위해서는 누군가의 희생이 필요하다고 말했다. 그 대상이 리우나 호수, 비산이었다면 굳이 셋을 함께 가두어 놓지는 않았을 것이다.

'그렇다면 붉은 거미가 훼방을 놓으려는 건 무얼까? 누구를 희생시키려는 걸까?'

곰곰이 되짚어보던 리우의 머릿속에 한 사람이 떠올랐다. 만약 그 사람이라면 지금 이러고 있을 시간이 없었다. 리우는 앞도 뒤도 볼 것 없이 경복궁을 향해 뛰었다.

"리우야, 어디 가?"

"어? 같이 가!"

호수와 비산이 리우를 따라 뛰었다. 호수가 리우를 바짝 쫓아오면서 물었다.

"어디 가는 거야, 갑자기?"

"궁으로 돌아가야 해. 붉은 거미는 구슬을 빼앗아서 자격루를 못 쓰게 했어."

"그게 붉은 거미의 계략 아니었어?"

"아니야. 뿌리를 뽑겠다고 했잖아. 아예 만들지 못하게 장영실을 없애려는 거야!"

자격루가 실패하면 이천대감의 말대로 장영실은 궁 밖으로 쫓겨날 것이다. 하지만 그가 살아 있는 한, 만들지 못한다는 보장은 없었다. 붉은 거미는 자신의 계획을 성공시키기 위해서라면 장영실을 없애 버릴 수 있다. 지금까지의 행적을 미루어 보면 그러고도 남았다.

장영실은 해시계, 물시계처럼 시간을 정확히 알려 주는 발명품을 수없이 만들었다. 정확한 시간을 알면 백성들의 삶도 훨씬 나아진다. 사람들에게 시간 개념이 생기면 역사의 질서도 자리 잡힐 텐데, 이것이 붉은 거미가 우려한 부분이다. 붉은 거미는 그것 자체를 무너뜨리고 자신만의 질서를 세우려는 것이다.

'왜 그 생각을 못했을까?'

리우는 이제야 붉은 거미의 의도를 알아낸 것이 야속했다. 너무 늦게 깨달았다. 하지만 그럴수록 얼마 남지 않은 시간을 현명히 써야 했다.

리우와 호수, 그리고 비산은 경복궁을 향해 달렸다.

멈춰진 시간 속으로

캄캄한 밤이었지만 그동안 눈이 적응했는지 어둠 속에서도 움직이는 것이라면 흐릿하게나마 판별할 수 있었다.

경복궁에 들어서자마자 세 사람은 지격루로 향했다. 그러나 구슬이 보관된 곳은 문이 잠겨 있어 들어갈 수 없었다. 보초를 선 병사가 말했다.

"대감님은 여기 안 계신다. 병사들과 함께 수색하러 나가셨을 거야."

"그럼 사직나리는요?"

비산이 물었다.

"글쎄다. 사직나리는 모르겠는데."

구슬을 찾기 위해 한양 곳곳을 돌아다니고 있을 이천대감부터 찾기에는 시간이 없었다. 구슬도 구슬이지만 붉은 거미가 장영실에게 해를 끼치는 것부터 막아야 했다.

세 사람은 경복궁 곳곳을 뒤지다 결국 광화문에까지 와 버렸다. 광화문 앞에서 기진맥진해 있는데 보초를 서던 병사 하나가 콧수염을 만지작거리며 말했다.

"사직나리께서 나가신 건 못 봤어. 이 시간에는 주로 집현전에 계시다는 소릴 들은 적 있구나."

이번엔 집현전을 향해 바삐 걸었다. 다행히 집현전은 광화문에서 멀지 않았다. 집현전에 도착하자 호수가 문 앞에서 말했다.

"여긴 학사들만 들어갈 수 있으니까, 내가 들어가서 보고 올게. 너희는 여기서 기다려."

호수가 옷매무새를 한번 가다듬고는 집현전 안으로 들어갔다. 리우와 비산은 한쪽에서 초조하게 호수가 나오길 기다렸다. 물론 호수가 장영실을 데리고 나오기를 무척 바랐다. 그러는 동안 리우가 비산에게 말했다.

"비산아, 이제 청동거울 악보 안 보고도 연주할 수 있지?"

"응, 그렇게 머리에 쏙쏙 들어오는 악보는 처음이야."

"그럼 내가 신호를 주면 바로 피리 연주해 줄래?"

"여기서? 왜?"

"음, 그렇게 해야 사직나리를 구할 수 있거든. 어쩌면 구슬도 찾을 수도 있고."

"그게 가능해?"

비산이 어리둥절한 얼굴로 물었다. 그럴 법도 한 게 비산은 눈을 감고 피리 부는 데 심취했기 때문에 자신의 연주가 시간을 멈추게 하는 줄 모르고 있었다. 리우는 그 사실을 비산에게 털어놓으려다 말았다. 만약 비산이 청동거울에 대해 캐묻기 시작하면 난감해질 게 뻔했다.

"나중에 말해 줄게. 일단 날 믿고 그렇게 해 줘. 부탁해."

"음, 알겠어. 그런데 그건 왜 가지고 온 거야?"

"아, 그런 게 있어."

리우는 천으로 자신의 손목에 동여맨 도자기 구슬을 어루만졌다. 사실 리우는 붉은 거미가 바꿔친 도자기 구슬을 이천 대감에게 받아 왔다. 화약을 채워 넣은 무기였기 때문에 이천 대감은 그걸 빌려 달라고 한 리우를 못미더워했다.

"그것이 왜 필요하냐?"

"그걸 가지고 가야 쇠구슬을 돌려받을 수 있습니다."

리우가 쇠구슬을 반드시 되찾아오겠다고 말하자 이천대감은 마지못해 승낙했다.

도자기 구슬에 난 구멍에서 화약가루가 묻어 나왔다. 그럴수록 리우는 천으로 꽁꽁 감쌌다.

마침내 호수가 나왔다. 하지만 기대한 것과 달리 혼자였다.

"여기 안 계셔. 그런데 다른 얘기를 들었어."

"뭔데?"

잠시 실망했던 리우가 물었다.

"학사들의 대화를 들었어. 강녕전으로 가셨다고."

"강녕전이 뭔데?"

"전하의 침소지. 전하께 지금 일을 말씀드리러 가셨나 봐. 우리도 얼른 가 보자."

리우는 장영실의 마음이 이해됐다. 하루였지만 노비로 지내 보니 이 시대에서 노비의 삶은 무척 고됐다. 억울한 일이 생겨도 무조건 노비가 손해를 보고 아무도 봐주지 않았다.

그런 장영실의 인생이 세종대왕을 만나 뒤바뀌었다. 그러니 장영실은 오랫동안 공들여 완성한 자격루를 어떻게든 임금에게 선보이고 싶을 것이다.

'그걸 망가뜨리려는 붉은 거미가 계획을 성공하게 두면 안 돼.'

집현전에서 나와 강녕전으로 들어가려는데 갑자기 비산이 조용히 하라고 속삭였다.

"저쪽에서 사직나리 목소리가 들려."

비산의 말에 리우와 호수가 숨죽였다. 건물 너머로 실랑이 소리가 들렸다. 비산이 소리가 나는 쪽으로 먼저 움직이자 리우와 호수도 조용히 따라 움직였다.

소리는 강녕전의 다른 문 쪽에서 들렸다. 문 앞에 체구가 큰 사내의 뒷모습이 보였다. 장영실이었다.

장영실을 막고 선 병사가 말했다.

"밤이 깊었어요. 전하의 휴식을 방해해선 안 됩니다."

"전하께서 무슨 일이 생기면 언제든 오라고 하셨소."

강녕전을 지키는 병사는 안 된다는 말만 되풀이했다.

"이럴 줄 알았어. 사직나리를 시기하는 양반들이 들여보내지 말라고 지시했을 거야."

비산이 어이없다는 듯 혀를 찼다.

리우는 멀찌감치 떨어져서 주변을 살폈다. 시커멓기만 한 줄 알았던 하늘에 짙푸른 빛이 감돌았다. 북두칠성과 카시오페이아 같은 별자리들이 또렷하게 빛을 냈다. 쏟아질 것처럼 별이 많았지만 리우는 그런 풍경에 감탄할 여유가 없었다.

'붉은 거미가 자기 모습을 드러내도록 유도해야 해. 지금도 이 근처에서 기회를 노리고 있을 게 분명해.'

리우가 자신의 생각을 호수에게 귓속말로 전했다. 그리고 기둥 뒤로 몸을 숨겨 큰 소리로 외쳤다.

"침입자가 나타났다!"

그 순간 병사와 장영실이 모두 리우가 숨은 기둥 쪽으로 돌아보았다. 리우가 다시 한 번 크게 외쳤다.

"침입자다! 침입자를 쫓아라!"

호수가 기다렸다는 듯 옆에 떨어진 돌을 주워 멀리 던졌다. 돌은 멀리 날아가 벽과 나무를 차례로 맞히며 딱, 딱, 소리를 냈다. 문 앞을 지키던 병사들이 헐레벌떡 뛰어와서 주위를 살폈다.

병사들이 정신없이 근처 수색에 나선 사이 장영실은 강녕전으로 유유히 들어갔다. 그러는 동안에도 호수는 몸을 숨긴 채 여기저기로 돌을 던져 병사들의 따돌렸다.

"사직나리께서 들어가셨어요!"

이 광경을 지켜보던 비산이 안도의 한숨을 내쉬었다.

"어? 잠깐."

리우의 눈에 무언가 포착되었다. 어둠속에서 누군가 장영실에게 다가가고 있었다. 마치 그림자처럼 장영실의 등 뒤에 바짝 붙어 섰다. 붉은 거미였다.

리우는 청동거울을 손에 쥔 상태로 붉은 거미를 지켜보았다. 붉은 거미의 손끝에서 표창이 반짝였다.

"비산아, 지금이야!"

"진짜 불러도 돼? 잡히면 어떡해."

비산은 당피리를 붙잡은 채 어쩔 줄 몰라 하며 리우를 바라보았다.

"지금이라고!"

리우가 발을 동동 구르며 비산을 재촉했다. 그러자 낌새를 챘는지 붉은 거미가 리우가 숨은 쪽으로 쳐다보았다. 그 모습에 리우와 비산이 입을 막고 숨죽였다. 다행히 붉은 거미는 리우를 발견하지 못한 것 같았다. 다시 장영실을 향해 표창을 높이 들었다.

"부탁이야. 날 믿고 피리를 불어 줘!"

비산은 머뭇거리다 결심한 듯 눈을 감고는 피리에 숨을 불어넣었다. 잔잔한 피리 소리가 조용한 어둠을 뒤흔들었다. 피리 소리에 붉은 거미가 멈칫하더니 팔을 높이 뻗은 채 멈추어 버렸다.

그사이 리우는 청동거울을 손에 꼭 쥐고서 붉은 거미를 향해 달렸다. 붉은 거미의 손에서 표창을 빼앗아야 했다. 하지만 붉은 거미 앞에 도착했을 때 표창은 이미 그의 손에서 떠난 상태였다.

리우는 장영실을 보았다. 장영실은 붉은 거미를 발견하자마자 달려가는 모습 그대로 멈춰 있었다. 품에는 구슬을 들고 있었는데 자세히 보니 붉은 거미가 바꿔치기 하려 했던 도자기 구슬이었다.

붉은 거미는 이런 도자기 구슬을 하나만 만들어 둔 게 아니었다. 장영실은 도자기 구슬 안에 화약이 들어 있다는 사실을 임금에게 알리기 위해 급히 가는 길인 것 같았다.

 장영실의 머리부터 발뒤꿈치까지 자세히 들여다봤다. 다행히 상처 입은 흔적은 없었다. 리우는 가슴을 쓸어내렸다.
 '다행이야. 표창을 맞지 않았어. 그럼 표창은 어디 있지? 분명 던졌을 텐데…….'
 리우가 다시 붉은 거미 쪽으로 몸을 돌리는 순간 비릿한 쇠 냄새가 확 풍겼다. 리우의 코앞에 표창이 날아오고 있었던 것이다. 정확히는 날아오다 멈춘 상태였다. 리우가 조금만 앞으로 몸을 돌렸다면 날카로운 표창에 얼굴을 다칠 뻔했다.

리우는 허공에 떠 있는 표창을 집었다. 그러고는 한 발 한 발 붉은 거미 앞에 다가가 섰다. 붉은 거미의 시선은 여전히 장영실을 향하고 있었다.

떨리는 손으로 붉은 거미의 도포자락을 밖으로 젖혀 보았다. 가죽 허리띠에는 표창 네 개가 매달려 있었다. 그건 리우가 찾고 있는 게 아니었다. 그의 소매에도 허리와 가슴, 다리에도 구슬 같은 건 보이지 않았다.

'어디에 숨긴 거지? 일단 위험하니까 나머지 표창도 없애야겠어.'

리우는 붉은 거미의 허리띠에서 표창을 모두 꺼내들었다. 표창 끝부분이 몹시 날카로워 손등이 긁혀 피가 났다.

"앗 따가워!"

바로 그 순간 피리 소리가 멈추었다.

'안 돼!'

리우는 붉은 거미와 눈이 마주쳤다. 이어서 장영실이 부리나케 달려가는 발소리가 들렸다. 붉은 거미가 리우의 목덜미를 움켜쥐며 화난 목소리로 말했다.

"네 녀석이 이번에도 방해를 하다니 용서하지 않겠다."

"구슬이 어디 있는지 말해!"

붉은 거미의 손가락이 리우의 숨을 죄여 왔다.

"우욱……. 켁켁."

리우는 더 이상 말을 할 수 없었다. 숨이 막혀 기침만 나왔다. 그럼에도 청동거울과 표창 어느 하나도 손에서 떨어뜨릴 수 없었다. 둘 다 붉은 거미의 손에 들어가선 안 되는 것들이었다.

"으아악!"

그때 붉은 거미가 비명을 지르면서 리우의 목을 움켜쥔 손을 풀었다.

"어떤 놈이냐?"

붉은 거미가 자신의 정강이를 문지르며 두리번거렸다. 납작한 돌멩이가 바닥에 떨어져 있었다. 이렇게 멀리서 돌을 날릴 줄 아는 건 호수뿐이었다. 아니나 다를까 호수의 목소리가 들렸다.

"이쪽이야!"

리우가 호수에게 뛰어가며 외쳤다.

"호수야, 부채를 던져 줘."

호수가 던진 부채가 리우의 발 앞에 떨어졌다. 리우가 부채를 주우려는 순간, 붉은 거미가 빠르게 달려왔다. 리우의 앞을 가로막고는 다시 목덜미를 틀어쥐고 리우를 위로 들어 올렸다. 아까보다 더 숨통이 조여 왔다. 리우의 손에서 표창과 청동거울이 툭 떨어졌다. 그러자 붉은 거미가 리우를 옆으로 던져 버렸다.

그제야 겨우 정신없이 기침을 해댔다. 리우의 얼굴엔 눈물과 콧물이 범벅이었다. 호수가 소리쳤다.

"리우야!"

호수의 목소리가 다급했다. 리우가 간신히 옷가지를 추스르고 보니 낯익은 것이 붉은 거미의 손에 들어가 있었다.

붉은 거미가 청동거울을 들고 복면을 벗었다. 그러고는 복면으로 청동거울에 묻은 흙먼지를 닦아냈다. 달빛 아래 붉은 거미의 싸늘한 미소가 드러났다.

"네 놈이 아무리 재간을 부려도 날 이기지 못한다. 이게 내 손에 들어왔으니 그동안 네 놈이 방해한 내 계획을 실현할 수 있겠군!"

붉은 거미가 청동거울을 들어 보였다. 청동거울 위로 악보가 떠올랐다. 붉은 거미는 눈을 가늘게 뜬 채로 거울을 돌려 보고 위로 들었다가 아래로 내려 보았다.

그 모습을 지켜보던 리우가 회심의 미소를 지었다. 붉은 거미는 그게 악보라는 걸 모르고 있었던 것이다. 붉은 거미의 이맛살이 찌푸려졌다.

"이게 뭐지? 이딴 고물 때문에 이 고생을 했다니."

"구슬은 어디 있지?"

"뭐? 구슬? 그건 이미 내 손을 떠났다. 지금쯤 연못 밑에서 녹이 슬고 있겠지. 넌 이 그림이 뭔지 말하기나 해!"

붉은 거미가 칼을 빼들었다. 리우가 뒤로 한 걸음 물러났다. 바로 그때 누군가 외쳤다.

"저기예요! 저쪽에 침입자가 있어요!"

호수였다. 붉은 거미는 뒤를 흘긋 보더니 별일 아니라는 듯 어깨를 으쓱했다. 리우는 발 앞에 떨어진 부채를 발로 지그시 밟았다.

"어쩔 수 없군. 가지고 돌아가 직접 알아보는 수밖에."

"안 될 걸? 그건 나밖에 모르니까."

"괜한 소리 하지 마라."

"가지고 돌아가 봤자 헛수고야."

리우가 믿는 구석이 있는 것처럼 당당하게 말했다. 떨린 마음을 들키지 않기 위해 더더욱 자신 있게 말했지만, 한편으론 청동거울이 리우에게만 진짜 모습을 드러낼 거라고 믿었다.

붉은 거미가 청동거울에 다시 한눈을 파는 사이 리우가 몸을 수그려 부채를 집어 들었다. 눈치를 챈 붉은 거미가 칼끝을 리우에게 들이댔다.

"말하지 않으면 네놈도 이제 쓸모없으니 여기서 보내야겠다."

리우의 목구멍으로 침이 꼴깍 넘어갔다. 칼끝을 보자 지난날의 기억들이 차례로 스쳤다. 깊은 어둠 속에서 아련한 선율이 아주 작게 들려왔다. 그리고 리우가 숨을 크게 들이마셨을 때 모든 것이 멈추었다.

청동거울이 빛을 낼 때

비산이 피리를 분 순간 온 세상이 멈췄다. 연주는 아까 끊긴 부분부터 다시 시작되었다.

붉은 거미가 손에 든 청동거울에서 빛이 나는 걸 보곤 큰 소리로 웃었다.

"하하하! 청동거울에 시간을 다스리는 힘이 있었구나."

"돌려줘!"

"어림없는 소리하지 마라. 청동거울의 진짜 힘이 뭔지 알았으니 네놈도 이제 필요 없다. 잘 가라."

붉은 거미가 칼을 높이 들었다.

"그럼 이거나 가져가!"

리우는 손목에 천으로 맨 도자기 구슬을 빼 들어 붉은 거미에게 힘껏 던졌다. 도자기 구슬이 날아가 붉은 거미의 발에 떨어지면서 박살이 났다. 순식간에 일어난 일이었다.

"이게 뭐하는 짓이냐!"

"원래 주인한테 돌려드려야지!"

리우가 부채를 착 펴서 붉은 거미 쪽으로 부치기 시작했다. 거센 바람이 일어 붉은 거미에게로 향했다. 도자기 구슬이 박살나면서 흩어진 화약가루가 바람을 타고 붉은 거미를 덮쳤다.

리우는 화약가루가 눈에 들어갈까 봐 눈을 감은 채 부채질은 계속 했다.

"으아악! 이게 뭐야! 아악!"

붉은 거미가 내지르는 비명이 점점 커졌다. 거센 바람이 점점 돌풍처럼 커져서 리우의 몸이 뒤로 밀려나기 시작했다. 붉은 거미가 괴로운 듯 내뱉는 신음 사이로 쨍, 하고 뭔가 떨어지는 소리가 들렸다. 붉은 거미의 신음도 멈추었다.

리우가 부채질을 멈추었다. 붉은 거미는 두 손으로 자기 눈을 막고 엉거주춤한 자세로 괴로운 듯 서 있었다. 손에서 청동거울을 놓치면서 그의 시간도 멈추었다.

리우는 땅에 떨어진 청동거울을 주워들었다. 그러고는 호수에게 달려가 손에 부채를 쥐어 주었다. 호수가 눈앞에 있는 리우를 보고 놀랐다.

"깜짝이야. 어떻게 된 거야?"

"세 번째 연주가 끝나고 있어. 시간이 없어. 얼른 경회루로 가자. 붉은 거미가 연못에 구슬을 버렸대."

"연못? 그럼 벌써 녹슨 거 아냐? 청동거울은?"

리우가 호수에게 들고 있던 청동거울을 보여 주었다. 청동거울이 그 어느 때보다 강하게 빛을 내서 눈이 부셨다.

리우는 피리 연주를 하는 비산을 쳐다보았다. 이번에는 비산이 눈을 뜨고 있었다. 열 개의 손가락이 피리 구멍을 막았다 떼느라 분주했다.

비산과 눈이 마주친 리우는 깜짝 놀랐다. 피리를 연주하느라 시간이 멈췄다는 걸 비산이 모르는 줄 알았다. 지금 보니 비산도 청동거울 악보의 비밀을 이미 알고 있었다.

리우가 말했다.

"미안, 연주는 계속해 줘. 다 들었지? 지금 어떤 상황인지."

비산이 고개를 끄덕였다.

"비산아, 피리를 천천히 불어 줄래? 시간을 벌어 줘. 연주가 끝나면 경회루로 와. 그럼 구슬이 있을 거야."

비산이 고개를 또 끄덕였다.

"고마워. 잘 지내."

리우가 비산에게 마지막 인사를 건넸다. 리우와 헤어진다는 사실을 알았는지 비산의 눈에 눈물이 고였다. 리우는 비산이 마음에 걸렸지만 시간이 얼마 없었다.

호수가 리우에게 물었다.

"비산이는 왜 피리 연주를 계속 했을까?"

"날 살리려고 그랬을 거야."

비산은 붉은 거미가 리우에게 칼을 겨누자 자신만이 구할 수 있다고 생각했을 것이다. 나무 위에서 몸을 던져 처음 리우를 구했을 때처럼 말이다.

리우와 호수는 먼저 강녕전에서 나와 경회루로 달려갔다. 가는 도중에 어정쩡한 모습으로 멈춰 있는 병사와 신하들을 지나쳤다. 둘은 멈춰진 시간 속을 달려 경회루 앞에 도착했다.

호수가 말했다.

"사막에서 바늘 찾기도 아니고 이 큰 연못에서 어떻게 구슬을 찾아?"

"방법이 있어."

경회루 연못으로 달빛이 부서져 내렸다. 리우가 은빛 연못 속으로 발을 담갔다. 차가운 연못물이 리우의 발목을 감쌌다. 리우는 청동거울이 내뿜는 빛을 손전등 삼아 연못 안을 비추었다.

'청동거울아, 부탁이야. 제발 구슬을 찾아줘.'

리우는 간절한 마음으로 청동거울에게 부탁했다. 멀리서 비산의 피리 소리가 잔잔하게 들려왔다. 그러나 쇠구슬은 도통 보이지 않았다. 청동거울의 강한 빛도 탁한 연못물 속까지 속속들이 비추는 데는 한계가 있었다.

할 수 없이 리우가 호수를 불렀다.

"호수야, 연못에 부채질해 줘."

"부채질해서 뭐 하게?"

"그런 게 있어. 한번 부쳐 봐."

호수가 리우 말대로 연못 가까이 다가와 가볍게 부채를 부쳤다. 생각보다 거센 바람이 연못의 정가운데를 훑고 지나갔다. 바람 때문에 연못물이 파도처럼 밀려났다.

"계속 해 봐."

리우의 말을 들은 호수가 부채질을 계속 했다. 그런데 피리 연주가 끝이 났다. 세상이 잠잠해지면서 청동거울에서 뿜어져 나오는 빛이 배로 커졌다. 바람이 빛 속으로 빨려 들어갔다. 리우는 세 번째 선율이 끝날 때 시간의 문이 열린다고 한 Z의 메시지를 떠올렸다.

연못에 비친 빛을 중심으로 작은 소용돌이가 일었다. 바람이 불 때마다 소용돌이는 자기 몸집을 키웠다. 리우의 발목 사이로 흐르는 연못물의 물줄기가 점점 강해졌다.

그 순간 리우는 Z의 메시지가 떠올렸다.

"아래로만 흐르는 것! 그게 물이었어! 우리는 물의 흐름에 몸을 맡겨야 하는 거야. 그러니까……."

이 소용돌이에 몸을 맡겨야 한다는 말까진 차마 입 밖으로 나오지 않았다. 소용돌이에 제 발로 몸을 던지려니 자신이 없었다. 게다가 쇠구슬도 아직 찾지 못했다.

이대로 현재로 돌아가면 메시지의 비밀은 물론이고 비산과의 약속도 지키지 못한다. 리우는 청동거울을 꼭 쥐고 속으로

외쳤다.

'제발 부탁이야. 더 늦기 전에 쇠구슬을 찾아줘.'

리우는 연못 속으로 들어갔다. 한발 한발 옮길수록 거센 물살이 느껴졌다. 호수가 들어가지 말라고 외쳤지만 구슬을 찾기 위해선 이 방법밖에 없었다.

물이 깊어질수록 거센 물살에 다리가 후들거렸다. 청동거울의 빛도 점점 강해져 뜨겁기까지 했다. 그때 강한 자석이라도 있는 듯 청동거울이 한쪽 방향으로 쏠렸다.

리우가 청동거울이 쏠리는 방향으로 몸을 틀었다. 거기엔 뭔가 반짝이는 게 소용돌이를 따라 떠내려가고 있었다. 리우가 급히 다가가 손을 뻗었다. 물이 발목에서 무릎으로, 무릎에서 허벅지께 차올랐다.

리우는 간신히 한손으로 반짝 빛나던 쇠구슬을 잡는 데 성공했다.

"호수야, 이거 받아!"

리우가 팔을 크게 휘둘러 쇠구슬을 호수에게 던졌다. 구슬이 포물선을 그리며 연못가의 흙바닥에 툭 떨어졌다. 리우는 드디어 할 일을 다 끝냈다는 생각이 들었다. 그러자 몸에 힘이 빠지면서 소용돌이에 휘말리듯 순식간에 중심을 잃었다.

순간 리우의 시야가 흐릿해지면서 사방이 깜깜해졌다. 당장 목숨을 잃을 수 있는 상황인데도 리우의 마음은 이상하리만치 편했다. 청동거울을 붙든 손이 따뜻해졌다.

리우는 소용돌이에 몸을 맡겼다. 몸이 한없이 가벼워지는 기분이 들었다.

리우가 눈을 떴을 때 조용한 밤하늘이 보였다. 별은 보이지 않았고 흐릿한 구름이 무심히 지나쳤다. 그리고 기다란 가로등이 눈에 들어왔다.

"돌아왔어."

리우가 몸을 일으켰다. 머리맡에 연못이 있었고, 바로 옆에 호수가 누워 있었다.

"일어나. 여기 있다가 연못에 또 빠지겠어."

리우가 호수를 흔들어 깨웠다.

"물이라고? 으악, 안 돼!"

호수가 기겁을 하며 일어났다.

리우는 주변을 둘러보았다. 경복궁 안은 고요했다. 화려한 조명에 둘러싸인 경회루를 보니 안심이 되었다. 한편으로는 구슬의 행방이 궁금했다.

"호수야, 내가 구슬 너한테 던졌던 거 기억나?"

"그걸 왜 기억 못 해. 연못가 근처에 떨어진 걸 내가 주웠잖아. 경회루 앞에 갖다 놓고 널 구하려고 뛰어들었어."

다행히 호수도 리우를 따라 소용돌이에 휘말린 덕분에 돌아올 수 있었다. 리우는 그제야 긴장이 풀렸는지 피곤이 몰려오는 것 같았다.

한복을 입은 사람들이 하나둘 경회루를 지나쳐 근정전으로 터덜터덜 걸어갔다. 갓이나 투구를 벗어 땀을 식히는 사람들도 있었다. 엑스트라들의 촬영이 끝난 것처럼 보였다. 리우는 서둘러 빠져나가는 게 좋을 것 같았다.

"얼른 가자. 촬영도 다 끝났나 봐. 아저씨가 기다리고 계실 것 같아. 입구 쪽으로 가 보자."

"참, 아빠가 끝나면 저기 근정전 앞에서 보자고 했어."

리우와 호수는 경복궁을 빠져나가는 사람들의 무리에 합

류했다. 경회루를 나서 근정전으로 가자 호수 아빠가 서 있었다. 호수가 아빠에게 한걸음에 달려갔다.

호수 아빠가 호수와 리우를 번갈아 보며 물었다.

"기다리고 있었어. 잘하고 왔어? 둘 다 괜찮은 거지?"

"괜찮지, 그럼. 나 배고파. 빨리 집에 가자."

호수가 아빠 옆에 찰싹 붙었다. 아빠 옆에 선 호수는 마냥 어린아이 같았다.

"그래. 아빠가 요 앞에서 피자 사 줄게. 이따 라나도 올 거야."

"라나도 온다고요?"

"방금 학원 끝났대. 리우가 여기 있다니까 자기도 오겠다던데? 좀 있으면 올 거야. 그동안 너희는 옷 갈아입으면 되겠다."

호수 아빠가 들고 있던 가방을 리우에게 건넸다. 호수의 옷까지 들어 있어서 가방이 뚱뚱해 보였다. 가방을 보니 리우는 등에 보퉁이를 매고 다닌 비산이 떠올랐다.

'비산이가 구슬을 잘 주워 갔을까……?'

리우는 구슬의 행방이 알고 싶었다.

"아저씨, 궁금한 게 있어요."

"뭔데? 얘기해 봐."

"혹시 자격루라고……. 아세요?"

리우가 조심스럽게 물었다. 만에 하나 비산이 구슬을 챙기지 못했거나 일이 잘못되었다면 자격루는 이 세상에 존재하지 않은 걸지도 모른다.

"알지! 장영실이 발명한 자동 물시계 말하는 거지? 장영실이 그걸로 벼슬에 올랐잖니. 몇몇 신하들이 만류했지만 세종대왕은 장영실에게 높은 벼슬을 주고 많은 일을 시켰지. 덕분에 장영실은 해시계, 측우기처럼 당시 백성들에게 도움이 되는 발명품을 많이 만들었단다. 신분에 관계없이 열린 마음을 가진 세종대왕의 지원 덕분이기도 하지. 리우야, 언제 한번 자격루 보러 갈래?"

"와, 정말요? 그게 아직도 있어요?"

"음, 안타깝게도 임진왜란 때 모두 불타 없어졌단다. 중종 때 장영실의 자격루를 본 따 다시 만들었는데 그게 아직 남아 있어."

장영실이 애써 제작한 자격루가 불에 타 버렸다니 리우의 가슴이 쓰렸다. 하지만 당시 자격루는 장영실과 비산뿐만 아니라 많은 백성들에게 아주 큰 의미였다고 생각하며 마음을 다독였다.

리우와 호수는 근처 화장실로 가서 옷을 갈아입었다. 몸에 지닌 청동거울도 허리춤에서 빼냈다. 방금 전까지 눈부신 빛을 내던 청동거울은 원래대로 돌아와 있었다.

'고마워. 덕분에 잘 해결했어.'

청동거울이 아니었으면 연못에 빠진 쇠구슬을 찾지 못했을 것이다. 리우는 왠지 자신의 간절한 바람을 청동거울이 들어준 것 같았다.

'그런데 아저씨는 어떻게 내 가방을 가지고 계셨지? 내가 과거로 가면서 떨어뜨린 가방을 주웠던 걸까? 그리고 보니 장영실에 대해 내가 알고 싶었던 부분을 자세히 설명해 주시는 걸 보면, 아저씨는 내 맘을 참 잘 아시는 것 같아.'

리우는 가방을 정리한 뒤 화장실을 나왔다. 밖에는 호수가 입었던 한복을 들고 혼자 서 있었다.

"아저씨는 어디 가셨어?"

"라나가 지하철역에서 나왔는데 길을 못 찾겠대. 그래서 아빠가 데리러 가셨어. 나보고 너랑 피자집으로 바로 오래. 얼른 가자. 옷 갈아입으니까 진짜 후련하다. 양반이고 뭐고 그냥 내 옷이 제일 편해."

호수가 양팔을 휘저으며 가볍게 통통 뛰었다.

경복궁 안에 은은하게 흐르던 국악 소리는 이제 들리지 않았다. 리우는 왠지 비산의 피리 소리가 듣고 싶었다. 휴대폰으로 조선시대 음악을 찾아보았다.

이런 저런 글을 읽어 보다가 '세종대왕과 음악'이라는 블로그 게시물을 찾았다. 세종대왕이 악보의 체계를 다시 잡고 새로운 악기를 발명했다는 내용이 눈에 들어왔다. 그중에서 리우의 눈길을 사로잡는 대목이 있었다.

> 세종대왕이 다스리던 시기에 조선은 다방면으로 발전을 이룩했다. 그중 하나가 음악이다. 당시 악공들은 대체로 관노비 출신에서 뽑았다. 이들은 벼슬을 받아 신분이 상승하는 경우도 있었다.

'어쩌면 비산이의 꿈이 이루어졌을 수도 있겠어!'

리우는 상상만으로 설렜다. 마음 따뜻하고 의리 있는 비산이 꼭 자기 꿈을 이룰 수 있길 간절히 바라고 또 바랐다. 한편으론 조선에 두고 온 붉은 거미가 또 얼마나 더 세져서 나타날까 걱정이 되었다.

어느덧 광화문 앞에 다다랐다. 리우는 돌아서서 멋들어진 산을 병풍 삼아 서 있는 경복궁을 다시 한 번 눈에 담았다. 자격루도, 경복궁도 불에 타서 스러졌다가 복구되어 지금의 모습을 갖추었다. 긴 세월을 겪는 동안 다들 조금씩 바뀌어 온 것이다. 지금 눈앞에 버젓이 있어도 나중에 어떻게 될지 아무도 몰랐다. 리우는 지금 보고 있는 풍경을 마음 깊이 새기고 싶었다.

광화문 밖으로 나오니 호수 아빠와 라나가 기다리고 있었다.

"리우야!"

라나가 손을 흔들었다. 그 바람에 지나가는 사람들이 라나와 리우를 흘긋 쳐다보았다. 리우는 조금 창피했지만 이제야 현실로 돌아왔다는 게 와 닿았다. 밤하늘의 별 대신 휘황찬란한 불빛들이 리우를 반기는 것 같았다.

호수 아빠가 말했다.

"리우야, 뭘 그렇게 생각하고 있어? 오늘 촬영이 꽤 힘들었나 보구나."

"아, 아니에요. 힘들긴 했지만 보람 있었는걸요."

리우는 호수 아빠한테 솔직한 마음을 얘기했다. 그 어느 때보다 힘든 여행이었지만 그만큼 보람도 컸다.

"배고프지? 오늘은 마음껏 먹어. 아저씨가 다 쏜다."

"정말요? 와, 신난다!"

"라나는 리우랑 호수 덕분에 먹는 거야. 이 친구들이 엄청 고생했거든."

"그래도 드라마 출연하는 거잖아요. 부러워 죽겠어요. 전 오늘 피자라도 많이 먹을 거예요!"

라나가 종알대며 앞으로 먼저 걸었다. 리우는 호수 아빠의 말이 가슴에 깊이 들어왔다. 오늘따라 고생했다는 리우 아빠의 말이 리우에겐 색다르게 들렸다.

리우의 주머니에서 휴대폰 진동이 울렸다.

 비밀 역사 탐정단 Z

보람 있는 여행이 되었나요? 다음 여행에서도 역사를 망치려는 무리를 조심해야 할 겁니다.

"뭐? 다음 여행?"

Z의 메시지를 확인한 리우가 화들짝 놀랐다. 그리고는 아

무 일도 없었던 것처럼 휴대폰을 주머니에 집어 넣었다.

　리우는 한숨을 얕게 한번 쉬고 흐린 밤하늘을 등지며 라나를 쫓아 뛰어갔다.

단숨에 익히는 조선 전기 역사

태조 어진 복원모사도

위화도 회군을 하다.
명나라를 공격하라는 우왕의 명령에 말머리를 개경으로 돌린 이성계가 고려를 무너뜨리고 조선을 건국하는 계기가 됩니다.

한양으로 천도하다.
태조는 풍수지리설과 물자 운송, 군사 지리적 조건을 이유로 개경에서 한양으로 수도를 옮깁니다.

1388년 → 1392년 → 1394년 → 1400년

고려가 멸망하고 조선이 건국되다.
고려의 마지막 충신 정몽주를 이방원이 제거하고 이성계가 왕위에 올라 조선을 건국합니다.

이방원, 태종으로 즉위하다.
왕세자 책봉에 불만을 가진 이방원이 정도전 세력을 제거하고, 형 방간을 유배 보낸 왕자의 난으로 왕위에 오릅니다.

정몽주 묘

경복궁 근정전

지방행정조직을 완성하다.
경기좌우도를 경기도로 개편하면서 전국 8도 체제가 완성됩니다.

집현전이 설치되다.
세종과 집현전 학자들이 한글을 창제하고 측우기, 자격루, 혼천의 등 과학의 발달에 노력했습니다.

→ 1414년 → 1418년 → 1420년 → 1423년

세종대왕 동상

세종, 왕이 되다.
태종은 양녕을 폐위시키고 충녕을 세자로 책봉함에 따라 세종이 왕위에 오릅니다.

장영실, 상의원 별좌에 임명되다.
궁중기술자로 등용된 그다음 해에 물시계를 개발하며, 그 공로로 정5품의 행사직으로 승진합니다.

정초, 『농사직설』을 편찬하다.
농민들이 과학적으로 농사를 짓도록 세종의 명에 따라 편찬되었습니다.

덕수궁 자격루

자격루 복원품

장영실, 천문기기와 자격루를 만들다.
천문기기인 간의와 혼천의를 개발한 뒤, 세종의 명을 받아 자동 시보장치 물시계인 자격루를 개발해 궁 안에 설치합니다.

1429년 → 1432년 → 1434년 → 1441년

앙부일구

장영실, 측우기를 제작하다.
현대의 우량계에 해당하며 조선 왕조의 공식 우량 관측기구로 사용됩니다.

장영실, 본격적으로 천문기기를 만들다.
경복궁과 서운관 두 곳에 천문기기인 간의와 혼천의를 제작해 설치했습니다.

창덕궁 측우대

혼천의

『용비어천가』를 편찬하다.

정인지, 안지, 권제 등이 훈민정음으로 쓴 최초의 작품입니다. 조선을 세우기까지 왕들의 공덕을 기리는 노래로 125장, 10권 5책으로 구성되었습니다.

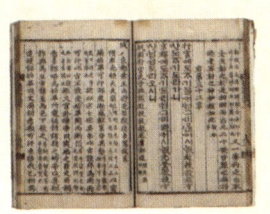

『용비어천가』

계유정난이 일어나다.

수양대군은 단종을 죽이고 안평대군을 왕위에 앉히려 했다며 김종서, 황보인 등과 함께 안평대군을 제거합니다.

1445년 → 1446년 → 1453년 → 1456년

『훈민정음』을 반포하다.

1443년 창제한 『훈민정음』을 반포했습니다. '훈민정음'은 백성을 가르치는 바른 소리라는 뜻입니다.

『훈민정음』

사육신이 처형되다.

성삼문, 박팽년 등의 사육신이 단종의 복위를 도모하다 처형되고, 단종은 노산군으로 강등된 뒤 영월로 유배됩니다.

사육신 묘 사당

홍문관을 설치하다.
왕실의 책과 문서를 관리하고 정책을 연구하는 관청으로, 언론 기관인 사헌부, 사간원과 함께 '3사'라고 불렸습니다.

『성종실록』

무오사화가 발생하다.
『성종실록』 편찬 시 김일손이 쓴 사초에 세조를 비판한 내용이 적힌 걸 알게 된 연산군이 김종직의 묘를 부관참시하고 사림파를 귀양 보냅니다.

1463년 → **1485년** → **1498년** → **1506년**

『경국대전』을 완성하다.
성종은 오랜 기간 걸쳐 만든 법전 『경국대전』을 반포함으로써 중앙집권체제를 더욱 강화했습니다.

중종반정이 일어나다.
무오사화와 갑자사화를 일으키고 수많은 학자들을 죽인 연산군의 폭정으로 인해 반기를 들고 일어선 이들이 연산군을 폐위시키고 진성대군을 새로운 임금으로 추대합니다.

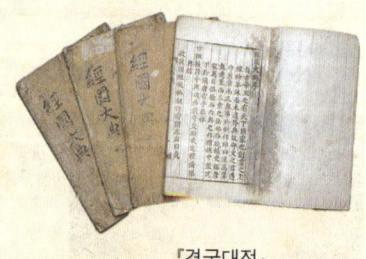

『경국대전』

연산군 묘

삼포왜란이 발생하다.

부산포, 염포, 제포 등 삼포에서 일본인들에 의해 대규모 폭동이 일어납니다. 이 여파로 삼포를 폐쇄하자 쓰시마 도주의 간청으로 임신조약을 체결하게 됩니다.

철원 고석정

임꺽정의 난이 발생하다.

경기도, 평안도, 강원도를 아울러 일어난 반란으로 전국적으로 번지게 됩니다. 지배층은 임꺽정을 도적이라 불렀지만 민중은 그를 의적으로 여겼습니다.

→ 1510년 → 1555년 → 1559년 → 1592년

을묘왜변이 일어나다.

중앙의 권력 다툼으로 인해 백성들의 삶이 피폐해진 틈을 타 왜구들이 남해안을 침입해 약탈하는 사건이 일어났습니다.

임진왜란이 발발하다.

왜군의 침입에 한양 함락이 임박하자 선조는 평양으로 피난을 갑니다. 왜의 기세가 사그라들지 않자 결국 선조는 신의주까지 피난을 가게 됩니다.

경복궁 강녕전

경복궁 경회루

사진 출처

머리말

창경궁 자격루 _ 한국민족문화대백과사전(encykorea.aks.ac.kr), 한국학중앙연구원

단숨에 익히는 조선 전기 역사

태조 어진 복원모사도 _ 국립고궁박물관
정몽주 묘 _ 문화재청
경복궁 근정전 _ 문화재청
세종대왕 동상 _ 한국민족문화대백과사전(encykorea.aks.ac.kr), 한국학중앙연구원
『용비어천가』 _ 국립중앙박물관
『훈민정음』 _ 국립중앙박물관
덕수궁 자격루 _ 국립중앙박물관
자격루 복원품 _ 국립고궁박물관
창덕궁 측우대 _ 국립고궁박물관
앙부일구 _ 국립고궁박물관
혼천의 _ 국립중앙박물관
사육신 묘 사당 _ 문화재청
『경국대전』 _ 국립중앙박물관
『성종실록』 _ 국립고궁박물관
연산군 묘 _ 문화재청
철원 고석정 _ 한국민족문화대백과사전(encykorea.aks.ac.kr), 한국학중앙연구원
경복궁 강녕전 _ 문화재청
경복궁 경회루 _ 문화재청